2022年度立项广东省基础教育教研基地项目建设成果

# 中小学信息技术教研新论

林力文◎著

安徽师范大学出版社
ANHUI NORMAL UNIVERSITY PRESS
·芜湖·

图书在版编目（CIP）数据

中小学信息技术教研新论 / 林力文著. -- 芜湖 : 安徽师范大学出版社, 2024. 9.
ISBN 978-7-5676-6721-1

Ⅰ.①中… Ⅱ.①林… Ⅲ.①计算机课—教学研究—中小学 Ⅳ.①G633.672

中国国家版本馆CIP数据核字(2024)第061766号

中小学信息技术教研新论　　　　　　　　　　　　　　　林力文◎著

责任编辑：潘　安
装帧设计：张　玲　汤彬彬
责任印制：桑国磊
出版发行：安徽师范大学出版社
　　　　　芜湖市北京中路2号安徽师范大学赭山校区
网　　址：http://www.ahnupress.com/
发 行 部：0553-3883578　5910327　5910310(传真)
印　　刷：苏州市古得堡数码印刷有限公司
版　　次：2024年9月第1版
印　　次：2024年9月第1次印刷
规　　格：700 mm × 1000 mm　1/16
印　　张：15.25
字　　数：220千字
书　　号：978-7-5676-6721-1
定　　价：58.00元

凡发现图书有质量问题,请与我社联系(**联系电话**:0553-5910315)

# 目　录

第一编　学科论 ••••••••••••••••••••••••••••••••••••••••••001

　　适应信息时代要求，开好信息技术课程 ••••••••••••••••003

　　重视信息技术学科，促进学生素质均衡发展 ••••••••••••008

　　基于"生本教育"的信息技术课堂任务引领式教学 •••••••015

　　发挥技术引领　助力教育信息化 ••••••••••••••••••••••019

　　携手教研，促进融合——教育信息化教学融合经验分享 •••026

第二编　教师论 ••••••••••••••••••••••••••••••••••••••••••033

　　在信息技术综合活动中教师所扮演的角色 ••••••••••••••035

　　做有热度的教师，构建有深度的课堂 ••••••••••••••••••040

　　做个"善教、会写、巧干"的信息技术学科教师 •••••••••044

　　高中信息技术课程改革中教师应处理好的几个关系 •••••••049

　　从PISA 2015测试工作反思教师培训 •••••••••••••••••••053

**第三编　学生论** ●●●●●●●●●●●●●●●●●●●●●●●●●●●●●●●●●●●●**059**

信息技术课程教学要体现"以人为本" ●●●●●●●●●●●●●**061**

坚持以生为本,提高信息技术课堂教学效率

　　　——一节信息技术优质课的观摩与反思 ●●●●●●●●●**064**

构建"以学习为中心的教与学"实施策略 ●●●●●●●●●●●**069**

与学生多一分亲近,教学多一分喜悦 ●●●●●●●●●●●●●●**075**

信息技术课堂培养学生"问题意识"的实施办法 ●●●●**079**

**第四编　课堂论** ●●●●●●●●●●●●●●●●●●●●●●●●●●●●●●●●●●●●**083**

高中信息技术生态课堂实施策略

　　　——以《利用图表呈现分析结果和形成报告》为例 ●●●●●●●●●**085**

用学生的智慧点燃信息技术课堂创新的火花

　　　——以《初识VR》为例 ●●●●●●●●●●●●●●●●●●●●●●**089**

培养学生计算思维,提升解决问题能力

　　　——以《用循环结构解决"谁在撒谎"问题》为例 ●●●●●●●●●●●**093**

WebQuest在高中信息技术课堂的应用 ●●●●●●●●●●●**097**

**第五编　微项目论** ●●●●●●●●●●●●●●●●●●●●●●●●●●●●●●●●●●**101**

基于真实情境的微项目课堂教学实践策略 ●●●●●●●●**103**

信息技术微项目教学常用模式 ●●●●●●●●●●●●●●●●●●●**107**

基于微项目的信息技术原理探究模式探索 ●●●●●●●●**112**

微项目教学在信息技术学科原理探究模式中的实践应用 ●●●●●●●●●**118**

微项目课堂教学案例及点评九例 ●●●●●●●●●●●●●●●●●**125**

第六编 评价论 ●●●●●●●●●●●●●●●●●●●●●●●●●●●●●●●●●●●●●●●●●●●●●165

通过学生的自我评价,促进信息素养的提升 ●●●●●●●●●●●●●●167

基于学业评价系统的信息技术课堂过程性评价实践研究 ●●●●●171

谈信息技术学科教学评价 ●●●●●●●●●●●●●●●●●●●●●●●●●179

2016年湛江市小学信息技术高效课堂教学比赛点评 ●●●●●●●●184

2016年湛江市初中信息技术高效课堂教学比赛点评 ●●●●●●●●188

关注学生,做好教学设计

　　——点评张玉明课堂教学 ●●●●●●●●●●●●●●●●●●●●●●193

湛江市2018—2019学年度第一学期七年级信息技术抽测分析

报告 ●●●●●●●●●●●●●●●●●●●●●●●●●●●●●●●●●●●●●●●●197

第七编 课题论 ●●●●●●●●●●●●●●●●●●●●●●●●●●●●●●●●●●●●●●205

信息技术学科一线教师开展课题研究的策略 ●●●●●●●●●●●●●207

"广东省基础教育学科教研基地项目(初中信息技术)"之申报书

(部分) ●●●●●●●●●●●●●●●●●●●●●●●●●●●●●●●●●●●●●●212

"'前置知识梳理'在高中信息技术教学中的实践研究"之开题

报告 ●●●●●●●●●●●●●●●●●●●●●●●●●●●●●●●●●●●●●●●●217

"湛江市信息技术学科多元化引领实践研究"之结题报告 ●●●●●221

主要参考文献 ●●●●●●●●●●●●●●●●●●●●●●●●●●●●●●●●●●●●●●●237

目
录
▲
▲
▲

第一编

学科论

# 适应信息时代要求，开好信息技术课程

党和政府已经把改造提升传统产业、发展新兴产业和高技术产业，推进国民经济信息化提到国家经济和社会发展全局的战略地位。要实现这一宏伟目标，要从教育切入，发展信息技术教育。教育部从2001年秋起要求在普通高中开设信息技术必修课。

## 一、开设信息技术必修课程的必要性

在未来的国际竞争中，人才是关键，人的创新能力又起着决定性的作用。教育为未来的竞争提供重要的资源和生产力要素中具有活力的要素——人才。改革开放以来，我国基础教育取得了辉煌的成就，基础教育课程建设也取得了显著的成绩。但是，我国基础教育总体水平还不高，原有的基础教育课程已不能完全适应时代发展的需要。为贯彻《关于深化教育改革全面推进素质教育的决定》（中发〔1999〕9号）和《国务院关于基础教育改革与发展的决定》（国发〔2001〕21号），教育部决定大力推进基础教育改革，调整和改革基础教育的课程体系、结构和内容，构建符合素质教育要求的新的基础教育课程体系，颁发了《基础教育课程体系改革纲要（试行）》（教基〔2001〕17号）。在《全日制普通高级中学课程计划》（试验修订稿）中，把信息技术课程列为课程设置中必修课的内容。我国部分城市2000年以前的课程计划把计算机课程列为选修课程，2000年确定名称为"信息技术课程"，把信息技术课程列为必修课程，这是我国信息技术发展的必要条件，符合全球信息化发展的趋势。

信息技术课程的前身是计算机课程，但两者有明显的区别：计算机课程设置的目的是培养学生对计算机的兴趣和意识，提高其科学文化素质，帮助他们掌握计算机基础知识和基本技能；而信息技术课程内容以计算机和网络技术为主，让学生了解和掌握信息技术的基本知识和技能，激发学生学习信息技术的兴趣，培养学生搜集、处理和应用信息的能力以及利用计算机进行自主学习、探讨的能力。信息技术课程体现了21世纪是一个信息社会的时代特点。

20世纪90年代以来，许多国家出现了以现代信息技术在教育中广泛应用为特征的发展趋势。我国的教育信息化技术也开始启动。在基础教育方面，我国从80年代在中小学开始计算机教育，到1998年底，全国中小学装机总数100万台，配置机房的学校达6万所，但总体来说缺乏系统性和规范性。为了适应新时代的发展，教育部颁发《关于在中小学普及信息技术教育的通知》（教基〔2000〕33号），指出：将信息技术课程列入中小学必修课程，推动信息技术与课程教育改革的结合，促进教学方式的变革，要科学规划，全面推进，因地制宜，注重实效，大力加快普及中小学信息技术的工作步伐。在中小学开设信息技术必修课程的阶段目标是：2001年底前，全国普通高级中学和大城市的初级中学都要开设信息技术必修课；2003年底，经济比较发达地区的初级中学以及大城市和经济比较发达地区的小学开设信息技术必修课，并争取尽早在全国90%以上的地区的中小学开设信息技术必修课。完成该通知中所规定的任务，对于进一步贯彻落实"教育要面向现代化，面向世界，面向未来"和"计算机的普及要从娃娃抓起"的战略指导思想，深化教育改革，培养具有创新精神和实践能力的高素质人才，具有重大的意义。

## 二、中小学信息技术课程指导纲要改革的情况

2001 年以前，使用的是 1995 年 12 月基础教育司所属的全国中小学计算机教育研究中心制订、1997 年 10 月修订的《中小学计算机课程指导纲要》。这个指导纲要中的中学计算机的教学内容主要由以下几个模块组成：

**一、基本模块**

模块一：计算机基础知识与基本操作

模块二：微机操作系统的操作与使用

模块三：汉字输入与中西文文字处理

**二、基本选学模块**

模块四：数据处理与数据库管理系统

模块五：电子表格

模块六：LOGO 绘图

模块七：多媒体基础知识及多媒体软件应用

模块八：Internet 基础知识与基本操作

**三、选学模块**

模块九：常用的工具软件的使用

模块十：程序设计初步

修订后的纲要，虽然注重了实用性，但不少教材的编写仍出现了强调程序设计语言的偏向，这主要是因为在思想上受以下两种观点的影响：80 年代初国际上部分学者鼓吹的"计算机程序设计语言是第二文化"的观点；我国教育界部分专家提出的"程序设计语言有助于培养和发展学生解决问题的能力"的观点。在社会根源上，受以下两种观点的影响：社会上每年一度的全国性中学程序设计竞赛的影响；受计算机师

资水平和软硬件配置条件的影响。原来我国中小学计算机的软硬件配置普遍低，在客观上造成了不讲程序设计语言就没有内容可讲、可学的局面。

随着计算机硬件成本的不断降低、操作系统的不断更新，计算机的软硬件发生很大的变化，促进了计算机的普及。在这种情况下，中小学信息技术的课程纲要就要适应时代的发展，进行重大改革。

2001年起使用的《中小学信息技术课程指导纲要（试行）》，以计算机基本知识、基本操作为主，软件使用转向以计算机技术和网络技术应用为主，淡化程序设计，反映了当时技术科学发展的要求。该课程纲要根据学生的年龄特征，初中、高中的内容安排不同，充分考虑学生心理与智力发展和需求。高中阶段的教学内容分为以下几个模块：

模块一：信息技术基础

模块二：操作系统简介

模块三：文字处理的基本方法

模块四：网络基础及其应用

模块五（选学）：数据库初步

模块六：程序设计方法

模块七（选学）：用计算机制作多媒体作品

模块八：计算机硬件结构及软件结构

新的纲要适应了信息技术的发展与互联网的广泛应用，使中学信息技术的教学具有时代的气息。学生从信息技术课程上学到的内容可以很快地运用到日常生活中去。把计算机作为一种工具来使用，通过学习信息技术课程，学会利用计算机去处理信息、查询资料。这不仅增强了学生的能力，也促进了信息技术课程与其他课程的整合，推动了其他学科的发展。

### 三、新的信息技术课程纲要对教师提出新要求

把信息技术课程定为必修课，这使更多的信息技术学科教师有机会真正走上讲台。过去一些学校由于对信息技术学科不够重视，不开设信息技术课程，使不少信息技术教师无课可上，他们成为打字员和课件制作人员。开设信息技术必修课，使许多教师有了施展自己才华的机会。

课程、大纲和教材的改革，需要一支高素质的现代化教师队伍。以人教版《高中信息技术电子教材（实验本）》为例，我们可以看到，教材分为《计算机基础与文字处理》《因特网与多媒体》《程序设计与数据库》3册，涉及了常用软件，而以往的教材中只有基础知识、程序设计与数据库3个部分。学生的学习与计算机信息技术的发展密切联系，首先，对信息技术教师的动手能力要求更高，教师要在文字处理、编程、网站设计、多媒体制作等方面为学生进行操作示范，简而言之，信息技术教师应当熟练了解、掌握信息技术。其次，与其他学科不同的是，信息技术的发展、变化很快，所学知识的"有效期"很短，新软件不断推陈出新，使教学内容不断更新，这就要求信息技术教师永远保持一种"学无止境"的精神。最后，信息技术教师应该能够成功应用信息技术，具备广泛的知识面，具备学习、创新的精神和能力，具有全球化、国际化的知识视野，能够更新知识结构，掌握新的教学、学习与研究的方法，把握信息技术发展的前沿，促进与其他学科教学的整合。

（本文写于2002年）

# 重视信息技术学科，促进学生素质均衡发展

2000年10月，教育部召开全国中小学信息技术教育工作会议，颁发了《中小学信息技术课程指导纲要（试行）》《关于在中小学普及信息技术教育的通知》等重要文件。课程的名称正式由"计算机课"改为"信息技术课程"。计划以信息化带动教育的现代化建设，努力实现我国基础教育的跨越式发展。但是，在经济不发达地区，在2005年前，信息技术课程的开设情况并不令人满意。

《国家中长期教育改革和发展规划纲要（2010—2020年）》郑重指出：加快教育信息基础设施建设。到2020年，基本建成覆盖城乡各级各类学校的教育信息化体系，促进教育内容、教学手段和方法现代化。充分利用优质资源和先进技术，创新运行机制和管理模式，整合现有资源，构建先进、高效、实用的数字化教育基础设施。加快终端设施普及，推进数字化校园建设，实现多种方式接入互联网。重点加强农村学校信息基础建设，缩小城乡数字化差距。加快中国教育和科研计算机网、中国教育卫星宽带传输网升级换代。制定教育信息化基本标准，促进信息系统互联互通。信息技术的课程建设就是信息化建设中一项基本内容。

湛江市教育局教研室经常组织中小学信息技术教师进行教研活动，内容有专题讲座、论文评比、录像课、教材培训等，但是教师参加的积极性仍然不高，参加人数也不多。例如2013年10月18日举行的高中、

初中和小学信息技术课程教材研修班，参加的人数都不多，而且有2个县区没有派教师参加。经过调研，我们发现湛江市很多学校仍然没有开设信息技术课程，学校领导仍然没有重视信息技术学科。除部分学校因为硬件条件不达标外，不少硬件条件达标的学校没有按课程标准的要求正常开设信息技术课程。为了学生素质的均衡发展，我们应该重视信息技术学科。

## 一、重视信息技术学科的培养任务

随着社会信息化进程的日益加快，人类面临一个新的教育命题：掌握和运用信息。于是，如何培养信息人才成为世界各国共同关注的问题。改革基础教育，使之适应社会发展的需要，是各国政府培养信息人才的共同举措。为了适应信息社会的发展，我国的课程规划把信息技术作为必修课。

教育部颁发《关于在中小学普及信息技术教育的通知》《中小学信息技术课程指导纲要（试行）》《普通高中技术课程标准（实验）》，要求全国中小学校把信息技术课列入必修课程，核心就是培养我国中小学学生的信息素养，对中小学信息技术课程各学段的教学目标、教学内容、课时安排、实验教学和教学评价都做出具体要求和明确规定。中小学信息技术课程的主要任务是：培养学生对信息技术的兴趣和意识，让学生了解和掌握信息技术基本知识和技能，了解信息技术的发展及其应用对人类日常生活和科学技术的深刻影响。通过信息技术课程，使学生具有获取信息、传输信息、处理信息和应用信息的能力，教育学生正确认识和理解与信息技术相关的文化、伦理和社会等问题，负责任地使用信息技术；培养学生良好的信息素养，把信息技术作为支持终身学习和合作学习的手段，为适应信息社会的学习、工作和生活打下必要的基础。

一些学校和家长对中小学信息技术的培养目标感到模糊，对培养学生的信息素养认识不足，把信息技术课程教学等同于计算机技术培训，把开设信息技术课程看成点缀或包装。在升学率的指挥棒下，许多人认为信息技术课程可有可无，学生把信息技术课作为放松的时间，加上部分学生沉溺于网络游戏或QQ聊天，影响正常的学习和生活，不少家长和教师想方设法让学生远离电脑，更使得信息技术教学质量难以得到保证。

信息技术是一门新兴学科，它是把计算机作为课程的学习工具来学习的，它的一个重要功能是通过这门课程的学习，培养信息素养，使学生能够有效地利用信息工具和信息资源来改善自己的学习方式，适应社会发展的要求。我国的教育目标是将学生看作"完整"的人，希望通过教育促进学生认知、技能、情感等方面的全面发展，形成健全的人格。但是受中考、高考指挥棒的影响，很多学校占用甚至删减了信息技术课时。我们认为，经济不发达地区尤其是农村学校的学生，学习信息技术课程，能拓展眼界，更好地认识世界，更好地与当今世界接轨。因此，我们要正视信息技术学科的培养目标，积极为正常开设信息技术课程提供条件。

## 二、重视信息技术学科，做好课程开设的监督和指导

各级行政部门要提高对信息技术课程开设的认识，强化课程实施的管理与监督，把全面落实国家课程计划作为自觉行为，要积极主动地采取多项措施，保证课程开全开足，全面贯彻党的教育方针。

新一轮课程改革提出适应时代发展、顺应国际潮流，把信息素养的培养放在首位，明确提出培养信息时代的合格公民，在从计算机教育转向信息技术教育的过程中，最关键的转型在于从关注计算机素养的培养转向信息素养的培养。

新一轮课程改革对基础教育不同阶段学生的信息技术的要求是：小学要初步接触信息技术，形成感性经验；初中要提高信息技术应用技

能，开始学习用信息技术解决生活与学习中的问题；高中要在持续经历信息技术教育的基础上，形成个性化发展，追求具有信息文化的能力。信息技术课程的设置要考虑学生心智发展水平和不同年龄阶段的知识经验和情感需求。小学、初中和高中阶段的教学内容安排有各自明确的目标，体现出各阶段的侧重点，注意培养学生利用信息技术对其他课程进行学习和探讨的能力。我们要努力创造条件，积极利用信息技术开展各类学科教学，注重培养学生的创新精神和实践能力。

基础教育肩负的主要使命是提高全民族的素养，影响着我国公民的基本素质形成。基础教育课程改革的重要特点之一，就是既要强调基础性又要强调时代性。作为信息时代的教育，有责任更有能力承担提升学生信息能力、推进素质教育进程，培养信息时代合格公民的任务。开设技术课程是切实全面提高公民素养，迎接信息时代国际竞争的需要；是我国经济建设和社会发展对人才培养的基本要求；通过信息技术本体与信息文化相结合的学习，形成信息社会所应该具有的伦理、道德、法律法规；与学生当地生活、生产相结合，体现其潜在的经济价值；为学生职业选择、生涯设计打下一定的基础。

基础教育从学生层面来说是提高学生的综合素质。信息技术学科作为一门中小学的必修课，要求达到硬件标准的学校都作为必修课来开设。但是部分学校随意删减了学科课程。我们希望教育行政部门在督导、评估方面真正执行国家的文件要求，杜绝类似情况出现。

换个角度来看，如今是信息社会，中考、高考的题目多以开放性为主，不少内容与信息社会有关系，如近年来的高考英语阅读理解题目经常出现与计算机有关的内容。如果学生在高一、高二开设了信息技术课程，对学生正确理解题目大有裨益。

经过调研，我们发现，开设了信息技术课程学校的学生比没有开设信息技术课程学校的学生在信息技术的应用方面能力强。如：高考报名要通过电脑在网上操作，不少没有开设信息技术课程的学校由于学生未能接触过电脑与网络，他们运用信息技术的能力相对较差，很多简单的操作都要教师帮忙；而正常开设了信息技术课程学校的学生基本上能自己操作，顺利完成报名的流程。实际上，在基础教育阶段接受了信息技术教育的学生，更能适应信息社会的发展和需求。

## 三、重视信息技术课程的开设，学校开设好课程

对学校来说，首先对信息技术教育的认识要正确。转变传统的升学教育观念，认识到信息技术课程的开设不仅不会影响学生的升学率，还能促使教师教学方式和学生学习方式的改变，更有利于学生的学习和发展。学校应将信息技术教育放在重要位置，加强信息设施和信息资源的建设，拓宽信息技术课程开设的内容，加强信息技术教师的培养。其次，为信息技术教师专业发展提供便利的条件，为学科教师应用信息技术教学提供更多的机会和激励政策，形成良好的信息技术学习和应用氛围。

学校在正视了信息技术课程开设的意义后，要利用各种条件创设多样化的信息环境，营造和谐的信息氛围，为改善学生学习创造条件；注重基本技术思想与方法的教学，使学生能够初步具备适应新技术的能力，为他们的终身学习打造平台。

高中信息技术课程的实施是全面改善我国信息技术教育的良好契机，特别是能够推动和加快各地区、各学校信息环境建设的步伐；从宏观的信息环境建设而言，对于带动我国欠发达地区的教育信息化进程，意义重大。

## 四、重视信息技术学科，教师保证教学质量

信息技术学科的教师要正视自己的教学岗位，把握好持续发展的成长节奏。要做好以下几点：

信息技术教师的身份首先是教师，"教师的生命价值在课堂"。课堂

不仅是个人职业修养、教学基本功等能力的演练场，更是教师渗透教育理念、进行探索的试验田。活动纪律差、教学效率低、评价不规范等是信息技术课堂上的典型问题，因而从课堂入手、从问题入手，可以说是信息技术教师成长的第一步。教师落脚点始终是在课堂，在信息技术教师的专业成长中，课堂不仅不能被忽略，而且一定要将其放到首要位置。

积极参与校本研修。校本研修是促进教师自主发展的有效途径。校本研修，就是针对学校情况，充分利用和挖掘校内的人力资源和教学环境资源有序地开展活动，通过各种形式的研究来促进教师的专业发展。信息技术教师可以凭借专业优势，积极应用教育技术，通过教学案例、教学反思等形式，通过展示课、研讨课等途径进行校本研修和教研活动。这种立体而生动的教研活动，有助于信息技术教师增强自信、提高能力，拥有专长、形成特色。

广泛地交流与合作。交流不仅可以促进认识、赢得支持，还有助于开阔视野、开拓思路；而合作活动是在具体实践中进行相互提升的途径。信息技术教师尤其需要进行广泛的交流与合作。就现状而言，这种交流与合作以校内为主，兼顾校外。在校内，先要学会与本教研组内的同事进行开诚布公的交流，针对教学或研究中的细节问题可以及时交换意见，同时通过集体备课、听课、评课等教研活动，深入了解各自的观点。另外，要多接触校内其他学科的教师，尤其是在各自领域做出成绩的教师。学校对信息技术学科的课程要多听课、多监督、多指导，对信息技术的年轻教师做好"传帮带"。

农村中小学迫切需要大量的信息技术及相关专业的教师，可通过以下途径加以解决：充分发挥高师院校教师培训基地的作用，强化在职信息技术骨干教师培训，以点带面，提高信息技术专业师资队伍教育教学水平；结合国家"中小学教师教育技术能力建设"项目的实施，以教育部颁发《中小学教学人员（初级）教育技术能力培训大纲》为蓝本，强化校本培训，通过培训选拔一批合格的非信息技术专业的教师充实到信息技术教师队伍中；利用国家对大学毕业生下基层工作的优惠政策，引导和鼓励师范院校毕业生尤其是非师范院校计算机等相关专业的毕业生从事教育工作，经过系统的教育理论和教学技能培训后，充实农村中小学信息技术教师队伍。

## 五、重视信息技术学科教师的情况，成立区域研讨小组

每所学校基本上配备1—2名信息技术学科教师，而且作为新学科，没有有经验的老师指导，同时各县（区）的信息技术教研员是兼职的，很难在教研方面给予及时指导，市教研员没法经常下到每一所学校进行指导。建议成立以县（区）为单位的区域研讨小组，推选出一名骨干教师作为区域性中心研讨小组组长，负责组织好区域性中心研讨小组的教研活动。

湛江市教育局在市区成立了信息技术学科骨干教师中心研究小组，成员基本上是市区各所学校的骨干教师。中心研讨小组活动的主要方式是组织市区骨干教师研读课程标准，分析教材，集体备课、集体听课、评课等。每学期听课、评课2次。听课活动前先将课题发给中心研讨小组的每个成员，让每位老师对所听的课进行一次简单备课。听课后是评课，评课过程是：上课的教师先谈谈备课的思路，然后对自己所上的课进行分析；中心小组每一位教师都对该课提出自己的意见和观点，同时谈谈自己对这节课的处理方法。经过数年的活动，我们发现，中心研讨小组的成员在活动时都能主动、客观地发表自己的真实意见，构建了一个相互学习、相互交流的平台，充分发挥了骨干教师的积极性和指导作用。

（本文写于2014年）

# 基于"生本教育"的信息技术课堂任务引领式教学

郭思乐教授提出的生本教育理论，以"一切为了学生"为价值观，以"高度尊重学生"为伦理观，以"全面依靠学生"为行为观，要求将学生看作"学习的主动者"，提出学习是主动的过程，而不是被动地吸收或接受。生本教育注重学生的内部自然天性和潜能的发挥，是教与学关系从师本到生本的重要转变。生本教育理论的提出，为我们提高信息技术课堂教学质量提供了很好的理论依据。近年来，指导老师在生本教育理念下开展任务引领式教学，挖掘学生的主动性、自主性和创造性的理念和方法，使学生的信息素养得到较充分的提升。下面谈谈几点做法和体会。

## 一、合理设置学习任务，激发学生的学习兴趣

任务引领式教学一般在课堂上通过设计一项任务，帮助学生成为学习活动的主体。所设计的任务必须是真实、具有挑战性又可达的开放的学习环境与问题情境，对学生的学习方向有指引作用，起着诱发、驱动并支撑学习者探索、思考与解决问题。

课堂上，要激励学生，激发学生的学习兴趣，满足学生探究的主观欲望，以完成教学任务，并让他们享受到学习的乐趣。

在任务指引式的教学中，主要对任务的方向进行指引，学生的学习

目标可以体现个性，因人而异。教师要注重任务的创造性、实用性和新颖性，组织能够激发学生学习兴趣的材料。

例如：在高一信息技术必修课《多媒体信息的加工与表达》一课中，先展示一个美丽的图文结合作品和一个图文、动画融合的作品，让学生感受一下"美"，再让学生简单分析这些精美作品的构成，学生无形中产生一种对美的追求：我能不能做出如此精美的作品呢？此刻，学生已经不知不觉感知了本课的教学任务：如何规划与设计文档并予以实现。在这种主动追求"美"的内驱力作用下，学生学习行为从被动向主动转变。这时再恰如其分地突出教学任务，让学生在学习中充分发挥个性，学生的学习兴趣油然而生。

## 二、选择合适的教学方法

选择合适的教学方法至少要注意两点：一是根据学生的学习目标确定课堂教学目标；二是根据学生学习的过程确定教学方法。这样就要求要从学生的角度来思考。我们可以根据教学任务，从中分解出学生感兴趣的知识点，从这些知识点入手，逐步引导学生完成学习任务。

例如：在信息技术必修课《信息的加工与表达》的教学中，可以设计"我们的家乡——湛江"这一个主题活动，为充分发挥师生双方在教学中的主动性和创造性，先精心组织，根据教材和学生的实际情况，确定教学的任务、目标和重点。为使学生有的放矢地学习，再让学生查找家乡的地理、经济、文化、风俗等信息，让学生能在已有资料的基础上有侧重地形成小组作品。这一环节，在课堂上善于引导，恰当控制节奏，使学生在课堂上科学有序地进行学习尤为重要。接着，让各小组的学生介绍其确定的活动计划和分工。这时，对各小组的同学进行适当的鼓励和提供竞争的环境，激发学生的学习兴趣，可以取得事半功倍的效果。最后，在学生完成作品的过程中，在作品的展示中，老师启发学生深入思考，发动学生解答同学提出的疑难问题，培养学生的思维能力和创新意识。任务逐步完成，不同的学生均有较大的进步，效果很好。

### 三、"任务引领"过程中要"缓说破、促感悟"

我们可以引导学生思考，但不能代替学生的思想，思想的财富要学生通过自己的思考才能享有。学生的学习要经历"设疑—析疑—解疑—质疑"的过程，其关键的"解疑—质疑"阶段，要学生自己感悟。任务引领式教学中，提供机会并支持学生同时对学习的内容和过程进行反思与调控，比教师的讲授更为重要。

例如：高中信息技术《数据管理技术》的"数据管理技术的变迁"教学中，让学生体会到数据管理技术是在不断满足新的数据管理应用需求，是在原来基础上寻求突破与创新，要培养学生学习数据管理技术的兴趣、体验信息技术的文化内涵。创设任务情境，提供与任务相关的学习资源、参考方法等为学生完成任务指点迷津，积极引导学生通过小组讨论剖析问题和解决问题，引导学生思维的走向。这时列出学生共同存在的"问题"，让有能力的学生来解决问题，形成相互学习的良好氛围；对学生解决不了的问题，教师逐渐引导，形成互动解决问题的方式，完成课堂的合作学习。这充分体现教师的主导性和学生的主动性相结合的教学思想，培养了学生在解决问题过程中合作的态度。

### 四、以生为本，开展有利于学生主动发展的评价

评价是学习者学习情况反馈的一种有效途径，也是学习者掌握自己学习情况，进一步激发学习动力和完善知识结构，提高综合能力的重要方法。评价，就必须有效，如果无效，会不利于学生进步，就不如不进行评价。生本教育理念要求彻底改变过去把评价视为鉴定、考核、选拔而忽视激励、教育、促进的现象。

重视过程性评价和综合性评价。任务引领过程中，教师的引导不仅

▲
▲
▲

仅只限于直接解决问题，更主要的是培养学生在解决问题过程中，形成相互学习、相互鼓励的学习氛围，培养学生的团队精神，充分发挥学生自身的才智，运用多种多样的评价方法去鼓励学生，使学生能对在课堂中的学习行为及时知道进步和不足。在制订评价指标体系时，老师要从教学内容、反馈与交流、情感效果等多个角度开展，重点放在与学生的反馈与交流上，以及在学生学习态度、相互作用与交流、资源利用等方面。这样就改变了评价过分强调甄别与选拔的功能，发挥评价促进学生发展、教师提高和改进教学实践的功能。

发挥评价的导向、改进和激励等三大教育功能，促进发展。发挥导向功能，通过教学评价目标的方向性，引导学生形成正确的学习态度。发挥改进功能，通过评价过程的反馈信息，对教师、学生原有的思想和工作及时调控矫正，达到及时改进和提高。发挥激励功能，通过评价使学生认识到学习的成绩和不足，激起改进与提高的内在需要和动机，启动内部活力和主观能动性。

通过生本教育理论的应用，可以构建体现现代教育理念的信息技术教学系统，让学生成为"学习的主动者"，发挥学生的内部自然天性和潜能，实现教与学关系从师本到生本的重要转变，提高高中信息技术课堂教学的质量，使学生发展为适应信息时代要求的具有良好信息素养的公民。

（本文写于2005年）

# 发挥技术引领　助力教育信息化

为了有效应对新冠疫情对学校教育的影响，教育部发出了"停课不停学、停课不停教"的号召，促使线上教育成了师生们的日常行为，也成为信息技术教师们新的研究课题。

在线教育，或称远程教育、在线学习，现行概念中一般指基于网络的学习行为，与网络培训概念相似。在线教育是信息化时代的产物。这次在线教育，既是非常时期对之前教育信息化的一次突击检阅，又是对当前和今后教育信息化建设的一种推进。

## 一、信息技术教师在"停课不停学"中的角色与作用

"停课不停学"，信息技术老师利用专业知识，发挥技术优势，为学校的在线教育顺利开展起到了保驾护航的作用。从提高教师信息化素养和应用水平，到保障平稳有序推进线上教育，他们既是"工程兵""参谋员""指导员"，又是不可或缺的"技术保障员"。他们默默坚守在多个角色岗位上，为学校顺利进行"线上教育"、同事顺利开展网络教学提供了强而有力的保障，也为今后学校信息化建设工作提供新的思考。

1.行动在前的"工程兵"

20世纪90年代以来，国家实施的一系列重大工程和政策措施，为我国教育信息化发展奠定了坚实的基础。这次不少学校能够顺利开展在

线教育，也得益于前期的信息化基础设施建设。经历了教育信息化从1.0到2.0行动计划的提升，国家大力推进"三通两平台"建设，很多地区基本上做到宽带网络校校通、优质资源班班通、网络学习空间人人通，建成教育资源公共服务平台、教育管理公共服务平台。但是，学校由于不少硬件建设都局限在校园里，在抗击疫情环境下，部分老师不能回到学校开展线上教学，这就对学校的信息化硬件建设提出了新的要求，也让信息技术老师面临新的挑战。

直播未开，硬件先行。一所学校要有计划地部署和开展线上教学，做到平稳有序，教学效果明显，硬件因素不可忽视。例如：学校打算用"钉钉"平台进行线上教学，如果硬件跟不上，教学工作基本就没办法正常开展了。为了使老师的直播能够顺利开展，信息技术学科组的老师们成为"工程兵"，走在最前头，超前谋划部署，检查线路，调试设备，排除障碍，为顺利"冲锋陷阵"打下了坚实的基础。

这些"工程兵团"的工作成为靓丽的风景线。例如：湛江市第二中学信息技术科组根据本校的实际情况，制订了详细方案，给教师做了明细分工，各司其职，各尽其责。这样，能及时地将学校教师的电脑重新安装系统、维护整理、优化性能，根据可能出现的问题做了预案，安排组员跟进以便及时给予支持，为"在线教育"提供了强而有力的支撑。

2.选用平台的"参谋员"

在这场"停课不停学"的"在线教育"中，信息技术学科教师是最有资格的参谋员。线上教学平台众多，学校领导面临抉择。对于外行人来说，这些平台都差不多，但对于有实践经验的信息技术教师而言，其中的优劣一目了然。为便于领导决策，"工程兵"变身为"参谋员"，搜集资料、分析研究，结合本校教师信息化教学的方式和学生学习的习惯撰写评价，将结果提交之后，再根据领导的决策制定方案，协助上级做好管理工作，协调各方组织实施，有效推进"一校一策"开展线上教学。

例如：霞山区实验中学信息技术科组，根据霞山区实验中学和滨海学校学生的实际情况，制定出不同的方案供学校选用，使学情不同的学生能够顺利开展在线学习；湛江一中培才学校信息技术科组，根据本校的实际情况，自主开发系统与引进平台相结合，保证了高效的教学质量。

3.软件操作的"指导员"

近几年来线上教学发展得如火如荼，但一般只是作为日常教学的补充。面对这样的现实，学校信息技术老师又变成了"指导员"，组织信息技术应用能力提升活动，指导一线教师把学科教学与信息技术进行深度融合，引导他们利用信息技术解决教学中的实际问题，提升教学效果。线上课程还没正式开始，这些"指导员"已经用上了线上教学的各种技能，给"新兵们"开展了各种培训。

例如：雷州市第二中学蔡华高老师专门针对该校使用的"钉钉"平台，写出了《学生怎样使用钉钉提交作业》《老师如何使用钉钉发布作业》《老师如何使用钉钉批改作业》《老师如何在 Word 文档上批改学生作业》等指导材料，发给学校的老师使用，同时分享到湛江市信息技术学科教师群，让更多的老师能够得心应手地开展在线教学。

4.线上教育的"保障员"

一所学校，不管教学设备多么先进，教师的教学水平多么优秀，面对线上教育，没有强大的保障系统支撑，难以获得长久而良好的效果。

不管是教师开展直播教学，还是制作微课放到网上平台辅助学生自主学习，都少不了信息技术教师的身影。一所学校的云课堂，离不开网络维护，离不开技术支持，有时候还需要建设和调用自己学校的网络资源。在这个特殊的时期，信息技术教师站到背后，默默地承担起这份保障责任，每个工作群里都有他们的名字，每位教师都存有他们的电话号码，每个时间段都要随时做好技术支援的准备。例如：吴川一中信息技术科组，分工合作，承担了线上教学的所有技术支撑工作，教师们有技术问题，直接在工作群里就可以找到他们。正是这群默默站在背后的技术保障员，保证了线上教学的顺利开展，为"停课不停学"做出贡献。

在特殊时期，信息技术学科教师用自己的专业技术支持着整个学校的教学工作，琐碎而绝不平凡。我们已做了很多事情，但能做的事情更多。能力在需要能力的活动中培养，素养在需要素养的活动中养成。这场战"疫"使很多其他学科一线教师的信息化应用能力得到"突然"提升，而我们信息技术学科教师在今后的工作中，除了做好教学工作，更要为学校信息化建设出谋划策，多参与推动信息化融合发展，为教育信息化做出新贡献。

## 二、信息技术教师促进教育信息化的有效策略

在线教育的广泛运用充分显示了当前教育信息化建设的重要性与必要性。面对教育信息化建设带来的各种挑战，信息技术教师如何有效地助力教育信息化呢？

### 1.加强信息技术教师队伍建设

从这次的在线教育来看，由于缺乏信息技术教师的指导和技术支撑，一部分学校无法正常开展线上教学和在线辅导，尤其是农村学校。从20世纪80年代提出"计算机的普及要从娃娃抓起"开始，经济发达地区就陆续开设了计算机学科（后来改为信息技术学科）课程，但是由于受多方面因素的影响，经济欠发达地区的信息技术教师的现状仍然是"上无老，下无少"，基本是40—50岁的中年人，每所小学仅有1~2名信息技术教师，个别农村学校甚至没有信息技术教师。

2018年到2019年，湛江市为了发挥信息技术名师工作室的辐射引领作用，积极开展送教下乡活动。乡镇一级的学校，不少学校都配备了全新的机房，但是没有开设信息技术课程。我们带去了Scratch入门编程课程，学生都能很快接受，一节课下来，大部分学生能达成学习目标，有些甚至有创新性突破。由此可见，农村孩子和城里孩子在智力上是没有高低差别的，但是由于没有专业的教师，机房平时没有使用过，学校没有开设信息技术课程。我们要尽力给农村的孩子提供公平的受教育环

境。在这次在线教育中，如果有充足的信息技术学科教师的支持，农村孩子就可能会接触到更多的教学资源。

我们希望教育行政部门能关注信息技术学科教师的配备情况，对经济不发达地区，难以一次完整配备各级各类教师，可以考虑用高校实习生或者支教的模式，在名师工作室和骨干教师的示范带动下，促进农村学校的信息技术学科课程的开设。

2.提升信息技术教师在学校软件、硬件建设中的指导作用

在教育信息化1.0行动计划时代，信息技术学科教师基本上没有机会参与学校配备硬件设备的工作，很多是商家或者上级主管部门直接配备，尤其是在维护外包。维护外包是对的，这让信息技术教师能够有更多的精力关注教学，更好地做好教育信息化等工作。但是因为信息技术教师既掌握技术，又处于学校的一线，了解软硬件的需求与使用，所以信息技术学科教师如果能够有效参与学校硬件建设，会对学校的信息化建设起到指导作用。

例如：岭南师范学院附属中学在硬件方面一直是"未雨绸缪"的典范，学校平常注重信息化基础建设，2008年开始就为每一位老师配备了笔记本电脑，由信息技术科组统一安装系统和相关软件，并做了系统备份。由于系统一致，当教师的笔记本电脑出现故障时，信息技术教师能够远程操控，即时处理机器故障，也可以远程指导老师自己重装系统。有些学生因为网络或硬件的问题不能进行线上学习，他们还派出教师代表到几十公里外的农村地区为学生解决问题，为缺乏终端上网课的学生寄去了平板电脑。这种由信息技术教师高度参与的软硬件建设，为疫情期间的线上教学提供了可靠的保障，在日常教学和学校管理中也功不可没。

步入教育信息化2.0行动计划时代，我们应继续深入推进"三通两平台"建设，推进学校信息化基础建设，有条件的学校应通过各种方式支持教师配备工作笔记本电脑，由信息技术科组指导，由硬件提供商安装统一的系统和应用软件，做好系统备份，以便能够在互联网+时代方便

地进行系统维护和远程指导，让信息化更好地为教育服务。

我们希望一线信息技术学科教师能多参与学校的硬件建设的方案规划，给予专业智慧的支持，使学校的建设更适合学校的信息化发展。

3.发挥信息技术教师在信息化融合与推广工作中的作用

教育信息化2.0行动计划提出：到2022年基本实现"三全两高一大"的发展目标，即教学应用覆盖全体教师、学习应用覆盖全体适龄学生、数字校园建设覆盖全体学校，信息化应用水平和师生信息素养普遍提高，建成"互联网+教育"大平台。

但是现在我们依然存在着以下的现象：信息化学习环境建设与应用水平不高，教师信息技术应用能力基本具备但信息化教学创新能力尚显不足，信息技术与学科教学深度融合不够，高端研究和实践人才依然短缺。电教、装备部门经常组织信息技术与教学融合的培训，参与培训的通常以信息技术学科教师为主，培训内容基本是信息技术课堂教学的日常技术，对于信息技术学科教师而言并不能起到提升作用，而且培训后的"种子"回到学校后并没有面向全体教师开展培训，造成一线教师的信息化能力培训面不够广，一线教师的信息化应用能力没有得到全面提升。

2019年，湛江市教育局装备中心与教研室合作开展了近10次基于学科的信息化融合培训，采用"课例示范+课例点评+技术培训"模式，带动了一批骨干教师信息化应用能力的提升。但是市一级的培训，能参与的教师人数不够多、覆盖面不够广。我们的希望是信息技术教师在学校里能主动承担信息技术融合的推广工作，与其他学科骨干教师一起，开展基于学科的、课例示范的培训工作，让更多的一线教师融合能力得到提升。

参与融合培训不是增加信息技术学科教师的工作量，而是让更多其他学科的教师能够在一起培训，组建一个基于学科的研讨团队，遇到困难时主要在学科内解决，而不是像以前那样一遇到困难就找信息技术教师，以致信息技术教师一直"救火"，其他一线教师停步不前，造成技术依赖现象。

这次突如其来的在线教育，岭南师范学院附属中学教师开展在线教学、直播、线上答疑基本没有遇到什么困难，这得益于该校近年来经常开展以课例为基础、基于信息技术与学科融合的培训，使学校教师的信息技术应用能力得到整体提升。这应该成为我们努力的方向：作为掌握技术的信息技术学科教师，在以后的工作中应主动加入推动信息技术与教育深度融合的队伍，主动协助学校开展各种信息技术在学科教学中的应用培训，提升教师的信息技术应用能力，力求成为互联网+时代下教育信息化的一股推动力量。

信息技术教师在学校的主要工作是以信息技术教学为主，不能放弃信息技术教学，要以提升学生的信息素养为目标，坚持信息技术学科开齐课、开好课；但是作为掌握技术的"专家"，我们在学校里也要充分发挥自己的作用，多参与学校的信息化建设，推动信息化与学科的融合发展。

［该文是广东省教育科研"十三五"规划 2019 年度教育科研一般项目（课题批准号 2019YQJK406）中期研究成果,有删改］

第一编 学科论

# 携手教研，促进融合

## ——教育信息化教学融合经验分享

经过多年来的信息化建设，信息技术对教育教学的影响已深入基层，但与新时代的要求仍存在较大差距：数字教育资源开发与服务能力不强，信息化学习环境建设与应用水平不高，教师信息技术应用能力基本具备但信息化教学创新能力尚显不足，信息技术与学科教学深度融合不够等。近年来，湛江市教育局在信息化与教学融合方面尝试进行了一些探索，以"携手教研，促进融合"为思想指导，以教育装备中心和教研室为核心，依托学校一线教师，全面推进教育信息化教学融合工作。

## 一、领导重视，组织保障

在教育信息化教学融合探索方面，首先得到了来自领导的支持。湛江市教育局党组多次研究推进教育信息化与装备工作，率队开展专题调研，摸清各单位工作现状，了解推进教育信息化教学融合中所遇到的问题和困难。湛江市专门成立信息化工作推进小组，邀请教育部教育信息化首席专家、教育部数字化学习支撑技术工程研究中心主任作为首席指导专家，同时邀请本地教育信息化教学融合专家教授和一线精英教师团队加入。正是领导的重视和团队的支持，使得教育信息化教学融合实践方面迈出了关键的一步。

## 二、教学融合，创新实践

教育信息化教学融合，是指教育领域全面而深入地运用现代信息技术来促进教育改革与发展的过程。其技术特点是数字化、网络化、智能化和多媒体化，基本特征是开放、共享、交互、协作，促进教学过程全面革新。信息技术给学科教学提供了大量信息和多种手段，为学科教学内容、教学方法和学习方式等提供了更深的、更广的、可挖掘的潜力。在教学融合中，要把握好方向，不能喧宾夺主，不能为融合而融合，为展示而展示，要立足于课程，参与学科课程体系的改革，与学科课程的教学内容、教学方法和教学目标相结合，提高教学效率，给教师和学生在教与学的过程中带来便利。如何利用现有资源来开展信息化教学融合，是我们积极思考和探索的。广东省教育技术中心的教育信息化教学应用创新实践共同体项目给我们指明了方向，为我们的思考和探索指出了一条可行性道路。

## 三、统筹全局，夯实基础

在推进信息化教学融合、做好创新实践共同体项目的申报中，湛江市在以下4个方面已经做出改变：

### 1. 转变教学理念

从传统教学到信息化教学的转变，要积极引导广大教师转变信息技术与教学融合的理念与方向，从传统PPT课件支持课堂教学，向教学资源和工具支持系统化学科教学方向转变；从传统的课堂学习、互动向快速呈现知识和获得信息向课前目的性预习、课后巩固吸收和探究知识延伸。

### 2. 组建种子团队

为了更好地促进教育信息化教学融合，我们需要团队的引领和支持。每所学校总有一批年轻有为而又积极向上的教师，我们先把他们挑选出来、组织起来，由信息技术教师和学科教师组成一支敢于冲锋的队伍，负责全市教育信息化教学融合的推广工作。

### 3.充分利用资源

经过"创强"和"推现"建设之后，我们本地拥有了发展教育信息化教学融合的硬件条件。积极开展利用学科教室、智慧教室、创客实验室和资源平台等，落实信息技术与教学融合创新的新理念，分类梳理信息技术与教学融合的类别与规律，总结利用名师课例、优质素材、学科工具和资源平台等进行备课、互动教学，实现应用方向全面转变的应用示范活动。

### 4.普及技术应用

现代教学设备的使用率低，是因为教师信息化能力普遍不强，自己摸索所花的时间成本太高，推广和使用受阻。因此，应以信息技术为支撑进行专题培训，促进教学方式、学习方式和教研方式转变，全面普及信息技术教学应用，形成"课堂用、经常用、普遍用"的信息化教学局面。

## 四、由简驭繁，推动应用

对于如何形成一套成熟的、可借鉴、可推广的信息技术支持下的信息化教学方法，我们一直在思考、探索、实践，不断改进、提升。开展教育信息化教学融合，一定要"接地气"和"本土化"。

### 1.标杆课堂，示范引领

湛江市教育信息化种子团队在教研室的指导下，开展教学研究，共同探讨先行地区信息化教学融合的利与弊。因为信息化教学融合涉及学科教学和信息技术，在组织的过程中，一定要学科教师配对信息技术教师，学科教师负责课程的设计安排，把他想要呈现的课堂效果跟信息技术教师交流，信息技术教师根据课堂呈现情况，运用各种教学工具，积极给学科教师提供技术支持。双方在课堂安排、技术使用等方面进行探讨，适合使用哪些软件、硬件，共同备课。备课之后，再由湛江市学科教研员和信息技术教研员进行指导、改进，把握教学任务和教学目标。多次研磨之后，进行课堂预演，邀请湛江市信息化指导小组专家观摩点评，根据其意见建议，再行修改。改良之后，组织湛江市同学段同学科教师观摩学习，给其展现湛江市本地化信息化教学融合课堂的标杆。这里强调：一定要是同学段同学科，因为不同软件、硬件在不同学段、不同学科之间展示的效果相差甚远。大家学习观摩之后，由授课教师讲解其中的教学设计、融合要点和目标任务，不能为融合而融合，不能失去了本学科的课堂魅力。

目前湛江市已经在小学语文、小学数学、初中地理、高中数学、高中英语等5个学科课堂完成探索，每个学段、每门学科都对应使用了不同的教学软件。如：小学语文使用了希沃白板和希沃助手，高中英语匹配UMU和雨课堂。湛江市以这些学校为依托，共同申报以数字教材创新应用为主题的创新实践共同体项目。

2.结合实际，推动创客

湛江市是经济不发达地区，不少学校缺乏创客教育推广条件，这对推动创客教育极为不利。但是这些不能阻止我们探索创客的热情，我们结合自己的实际情况，让创客从"草根"做起，从自己的实际情况做起。

从2017年起，我们邀请创客专家、老师到湛江市进行指导、培训。2017年6月，湛江市组建了第一支创客种子教师团队，开展了第一次创客培训，开始了湛江市创客教育的探索；2017年10月，湛江市邀请了广州市红棉创客空间团队进行创客培训，提高了湛江创客种子教师团队的能力；2018年3月，湛江市邀请了北京景山学校吴俊杰老师到湛江讲课，激发了湛江市老师参加创客的热情。

为了充分利用软件、硬件资源，我们自行组建了"创客沙龙"，以湛江第二十八中学为示范点，共享他们的创客实验室，每周进行一次活动。我们选取30名教师作为创客种子教师团队，一步一个脚印，让一部分种子教师先动起来。我们计划在湛江市第十七中学筹建第二个"创客沙龙"。

创客沙龙的建立带动了教师在学校开展创客活动。2018年9月，湛江市组织了第一次"创客嘉年华"活动，数百人参加，数百件作品提交。近年来，湛江市创客作品在省里获奖的成绩越来越好。接下来，我们将以湛江市第二十八中学、湛江市第十七中学、湛江一中培才学校为示范学校，辐射相关学校，共同申报以创意智造（创客）为主题的创新实践共同体项目。

3.深入基层，送教下乡

结合信息技术学科名师工作室的送课下乡活动，开展信息化应用讲座，深入基层推广信息化教学融合。

2019年3月19日，湛江市名师工作室到湛江市开发区觉民中心小学等学校送教，开展希沃助手、雨课堂、UMU等信息化教学融合工具培训。

2019年4月17日到遂溪县城月中学、官渡中心小学等学校送教，举办信息化应用的讲座，给基层教师讲授了Scratch运用、Aduimo编程、3D打印技术等内容，带领孩子们制作创客小作品。

2019年7月8日，湛江信息化教学融合团队应坡头区教师进修学校邀请前往授课，该区组织了700名教师开展信息化应用的培训，给他们展示标杆课堂，深入学习信息化教学融合。创客种子教师团队还应湛江市第三幼儿园、湛江市机关二幼的邀请，到幼儿园开展信息化讲座。

从中小学到幼儿园，从城市到农村，我们充分发挥自身优势，利用自己的资源，开展"本地化"和"接地气"的活动，教师发现，其实自己就可以利用身边的资源开展信息化教学融合学习和研究。信息化教学融合不一定需要大笔资金、设备的支持，融合的关键在于人，在于教师自己本身，要充分调动人的积极性，去辐射更多的学校和地区。麻章中心小学、开发区第一小学、徐闻实验中学是信息化教学融合学习和研究的佼佼者，我们将以这些学校为核心，带领相关学校，共同申报以核心素养培养与数字化创作为主题的创新实践共同体项目。

4.荣誉引领，总结推动

激发学校和教师的教学荣誉感，是我们信息化教学融合不断前行的动力。在信息化教学融合过程中，湛江市教育局大力支持相关学校申报创新实践共同体项目，鼓励教师积极参与电脑制作、"双融双创"教学应用活动（前计算机教育软件评审活动）、课题制作等，提供技术指导，对于申报成功的学校给予政策和资金的倾斜，支持他们在信息化教学融合方面踏出坚实的一步。对于参与国家或省级的信息化教学融合活动的教师，积极给予宣传和鼓励，在其评先评优方面加分，给其职业生涯注入动力，使其更加积极研究信息化教学融合。湛江市教育局教育装备中心因相关活动组织和成效等方面表现出色，连续两年得到省教育技术中心通报表扬。

## 五、不断努力，继续前行

湛江市教育局在信息化教学融合方面取得了一些成绩，但信息化教学融合工作仍然"在路上"。我们仍需不骄不躁，虚心学习，推广信息化教学融合的健康模式；仍需全体教师共同奋斗、不懈努力，为开创湛江市教育信息化工作新局面、加快湛江市教育现代化进程做出新的更大贡献。

（本文写于2019年）

第一编　学科论

▲
▲▲
▲▲▲

# 第二编
# 教师论

# 在信息技术综合活动中教师所扮演的角色

在传统的观念下，教师扮演着知识传授者角色。而新课程强调以学生发展为本，倡导"自主、合作、探究"的学习方式。学生学习方式的转变必然要求教师教学方式的转变，由以讲授为主导转变为提倡自主探究和引导、发现。在教、学方式的转变过程中，教师的角色必然发生转变：由单纯的知识传递者转变为学生学习的引导者、合作者。

## 一、在准备阶段，扮演组织者角色

新课程强调，教师是学生活动的组织者和引导者。教师作为学生学习活动的组织者，要结合学生实际进行课程开发和指导学生学习、实践活动，为学生自主学习创造条件；要了解和研究每一位学生的需要及其发展的可能性，注重个别指导，尽可能满足学生的不同需要。在信息技术综合活动的准备阶段，主要从以下几方面扮演好组织者角色：

### 1.确定活动主题

在活动主题的确定阶段，教师应针对学生的知识基础、兴趣爱好、学生所处的社区背景和自然条件，引导学生确定合适的活动主题。如在高中信息技术基础课《设计一个旅行计划》教学活动中，针对实际情况，可以设计这样一个学习任务：让每个同学根据自己的兴趣和家乡所处地区，自由组成2～3人的小组，设计一个"湛江两日游"旅行计划，让大家了解、热爱自己的家乡。要求学生做一份详尽的计划，包括行程、时间、地点、食宿、费用等内容，说明设计理由及要达到的效果。

在确定活动主题时，如果不与实际联系，所选主题难免空泛，可能导致综合活动开展困难，甚至无法开展。因此，在学生初次进行综合活动时，教师可提供若干有益的活动主题，供学生选择。随着学生能力素质的不断发展，教师应放手让学生自主确定活动主题。在学生初步选择或自主提出活动主题后，教师要引导学生对活动主题进行论证，以便确定合理可行、健康有益的活动主题。活动主题确定后，教师要指导学生制订符合实际的活动方案，培养学生的规划能力。

**2.搜集资料**

搜集资料主要是为了了解学生情况，做好课程资源和学习资料的准备工作。可通过建立专题学习网站、网上交流工具以及相关的媒体资源的准备等，创设良好的学习环境。如：在《设计一个旅行计划》综合活动中，考虑到大多数学生没有自助旅游的经验，预先搜集、准备一些关于"旅行"问题的课外阅读材料以及参考网站供给学生使用。

**3.设计活动记录表**

活动记录表的制订主要依据综合活动的主题、活动目标、过程监控以及活动评价等因素。教学实践中，设计小组活动计划表、信息获取情况表、作品评价表、学习评价表等。通过各种活动记录表，可以检查教学和学习的效果，教学中针对问题和不足而做出相应的调整和补救，在调整过程中帮助学生形成获取、加工处理信息的良好习惯。

## 二、在学生活动中，扮演引导者和合作者角色

教师参与学生的综合性学习活动，有利于塑造民主、合作、平等的师生关系。教师不应成为学生活动的旁观者，而应成为学生活动的引导者、合作者，教师要引导学生有序高效地开展综合活动。在综合活动实施过程中，主要从以下几个方面发挥教师的引导者和合作者作用，引导

学生进行探究活动。

1.引导学生获取信息

针对学生实际和相关课程资源，在活动开始阶段，教师可以结合实例对学生进行相应的基础训练，帮助学生掌握利用工具书（如索引、文摘、百科全书等）、使用视听媒体、做笔记、进行访谈，对资料做整理和分类等方面的技能；引导学生运用调查、观察、访问、测量等方法搜集事实材料；指导学生写好研究日记，及时记载研究情况，真实记录个人体验，为进行总结和评价提供参考依据。

2.培养学生处理信息的能力

在获取信息后，要培养学生尝试使用合适的方法对各种信息进行筛选、分析、处理。如：在《湛江两日游》综合活动中，教师组织学生对查到的资料和网址进行分析，选择有用的信息，保留合适的网站，然后交流感兴趣的网址，相互进行学习探讨。在此阶段，可通过浏览、分析、讨论、交流等方法提高学生处理信息的能力。

3.指导学生形成初步的学习体会或研究成果

学生根据获取的信息形成初步的学习体会或研究成果，以文字、图片、多媒体或者个人网页等形式表达出来。如：在《2008，北京奥运》综合活动中，学生通过浏览不同的网页获取了许多信息，同时形成了各种各样的观点。此时形成的观点可能不够完善，甚至有些偏颇。教师应引导学生在学习过程中不断完善、修正自己的认知。在此过程中，教师要引导学生有针对性地提高获取信息、处理信息、使用信息的能力，这是信息技术课中最重要的内容。

4.组织对学习体会或初步成果进行研讨

研讨可以通过分组讨论、班级交流、多媒体网络教学平台展示、网上远程交流等形式展开。在此阶段，教师身为组织者、引导者，在讨论中要想方设法把问题引向深入，以加深对所学内容的理解；要启发、诱导学生纠正错误的认识，完善自己的观点，扮演好合作者的角色。尤其应注意的是：给学生布置讨论任务后，有的教师可能会"袖手旁观"，甚至做别的事情。如此，教师难以发现学生在自主学习活动中出现的问题，更谈不上帮助学生解决问题。作为参与者、合作者的教师，应该把自己当作学生群体中的一员，积极参与学生的学习活动，和学生一起讨论、实践，与学生共同完成学习任务。

5.指导学生完善学习体会或研究成果

经过研究、讨论后，根据搜集的新信息，教师应指导学生完善学习体会或研究成果。此时，可以适当拓宽信息来源渠道，除互联网之外，学生还可以通过电视、报刊、图书、电台、采访等途径获取信息。学生在众多信息来源的使用对比中，可以体会到互联网的优点与不足，检验自己的结论与成果是否正确。教师应给予学生解决问题的时间和空间，给予学生心理上的支持，这将极大地促进学生思维的发展以及提出问题、分析问题、解决问题能力的提高，从而使新课程理念落到实处。

在具体实施过程中，教师应争取家长和社会有关方面的关心、理解和参与，开发对实施综合活动有价值的校内外教育资源，为学生开展活动提供良好的条件。还应指导学生注意活动中的安全问题，培养学生的安全意识和自我保护能力，防止意外事故发生。

## 三、在交流、评价活动中，扮演主持人角色

完成阶段性的成果之后，教师应指导、组织学生通过 QQ 或 E-mail 将自己的成果发送给自己的师长、朋友、亲人，可以将其做成网页在网上发表，还可以制作成幻灯片在课堂中与同学交流。在教学中，把部分优秀学生作品链接到学校主页中的"学生天地"栏目，使学生在展示和交流的过程中获得愉悦感和成就感。此时，扮演主持人角色的教师，要注意调整与控制好节奏，给学生充分学习、思考的时间，使学生通过交流达到相互学习、共同提高的目的。

总结评价是综合活动的重要环节。重点应由技术点的引导转到学生心理素质及与人交往能力上，引导学生客观评价自己和别人，不能过分

谦虚，也不宜过分张扬。在互评中引导学生正确看待别人对自己的评价，学会巧妙地运用语言艺术对存在问题的同学提出建议。

信息技术综合活动的评价，应注重活动的过程。授之以"鱼"，不如授之以"渔"。综合任务完成的结果是多元化的，在评价的过程中，要给学习有困难的同学以支持和帮助，使之在评价过程中逐步掌握获取信息、筛选信息、传输信息、处理信息的方法，这是信息技术教学的根本。

## 四、在综合活动后，扮演反思者角色

反思是教师教学能力提高的一条重要途径。教师要不断对自己的教学进行反思和评价，提高对教学活动的自我觉察能力，发现、分析存在的问题，改进教学方案。另外，教师可以彼此之间进行观察分析、讨论交流，帮助对方发现问题，共同提高教学的水平。

综合活动的实践，体现了教师不仅是知识传授者，更是学生活动的引导者、组织者、参与者、主持人、评价者……随着课程改革的不断深入，信息技术教师对自己角色应不断有新的认识，不管教师扮演什么角色，目标只有一个，就是提高学生的信息素质。

（本文写于2004年）

# 做有热度的教师，构建有深度的课堂

2022年春季新学年开学后，我们教师工作室举行了上一年的工作总结和新一年的工作计划，学员们一致认为，去年的跟岗学习中收获较大的是到遂溪县第三中学听课和科组老师做的必修一教学设计的讲座。

近年来，湛江市教育局教研室信息技术学科组注意挖掘基层一线优秀教师的典型事例。基层优秀教师的典型事例容易引起广大老师的共鸣，优秀教师容易起到带头作用，成为学习的榜样。

信息技术课程与时代发展关系紧密。回顾信息技术的发展过程，从20世纪80年代以来，其课程目标、课程内容都强烈地反映了时代发展的需求，也反映了当时人们对信息技术价值及信息技术课程价值的认识。《普通高中信息技术课程标准（2017年修订）》坚持立德树人的教育理念，以信息技术学科核心素养统领课程标准，将信息技术课程推向一个新的发展阶段。《普通高中信息技术课程标准（2017年版2020年修订）解读》认为，新课标的要求比较高，是面向义务教育阶段正常开设了信息技术课程的非零起点的学生。在新课标下，教材的编排以项目为主线，对课堂的建议是尽可能采用"项目教学法"。但受学科评价、硬件配备等方面的条件限制，以及信息技术学科在高中学科中所处的"边缘"地位的影响，现实的情况是：连广东省经济发达地区不少优秀教师在教学中都"忽视"新课标的要求和新教材，平时上课多是"照本宣科"，没有足够的时间和耐心进一步学习和思考，难以得心应手地采用

"项目教学法"。

遂溪县第三中学学生主要来自农村，在2020年采用新教材时，他们的学生有八成是零基础。面对需要非零基础的新课标，他们不仅做到了采用"项目教学法"进行教学，还形成了一套可供借鉴的完整课例。

他们是如何做到的呢？

遂溪县第三中学信息技术组只有卜碧芳、卢优莲两位女教师。这两名默默无闻的老师，以高度热情、认真负责的态度对待课堂教学。她俩一起观摩相关课程资源，一起解读、重组教材，一起设计适合本校学情的小项目，经过课堂验证，交流与修改，形成自己的课堂项目案例，在信息技术教学中取得了非常好的效果。一节富有成效的课，或几个课堂上不认真的学生，她俩都尽可能记录下来。

认真备课只是好的开始，要想上好不受学生重视的信息技术课，需要做的还有很多。给我印象最深的是她们谈到的高中信息技术开学第一课。每一届的高一第一节信息技术课，她们都会根据当年的信息社会背景来开课，其中有一句话直透人心："信息时代，信息技术这门课不能为你的高考加分，但能为你的人生加速！"说真的，听到这话，我的心都为之一颤：这实在是太有道理了！实际上，包括一些领导和学科教师在内的不少人都会认为，现在是信息时代，学生从社会环境中已经掌握了信息社会的有关知识，我们教的这些，学生早就会了，就算现在不会，但若有需要，他们总有一天会掌握。但卜碧芳老师说，信息技术是掌握得越早越好，懂得越多，在这个时代你就越高效、越自由，信息素养也是日积月累的，我们的每一节课，对学生的未来都有积极的意义。掌握信息技术的最新发展成果，利用信息技术解决各种深层次的问题，成为学生的需求。

不少高中信息技术教师认为，学生基础差，难以开展实施新教材。而这两位老师的观点是："磨刀不误砍柴工"。学生为什么难以掌握新教材的内容？因为学生的基础技能达不到要求。她们就先把有关的基础技能"补"给学生，由"零基础"变成"非零基础"，让学生能够适应新课标的学习。卜老师说，学生要比想象中的愿意学，也比想象中的能干。在她们的课堂上，教师敢于放手让学生主动去探索与实践。老师教得很少，而把重心放在学生的"学"，把课堂的主动权交给学生。她们尝试过最大胆的放手，就是把课堂完全交给学生。有一段时间，学校机房升级，失去硬件依托的信息技术课该怎么上？教师把这个难题交给学生，让他们来确定学习主题，搜集学习资源，对获取的资源进行加工整理，并在课堂展示。于是，师生们一起认识了阿兰·图灵，深度了解了VR应用，见识了无人机操作，明白了好莱坞大片拍摄的神奇技术……师生整理出"IT人物篇""IT文化篇""IT技术篇""信息安全篇"，形成了该校信息技术学科的校本资源。这些资源，凝聚着师生们的智慧，体现了"相信学生"的最好结果。

2020年的一次全市性信息技术学科教研活动在遂溪县第三中学举行，在卜碧芳老师的示范课上，只见机房里秩序井然，同学们认真而自觉，或熟练操作，或凝神思考，或互助共学，训练有素。没有长期地坚持，不会有如此真实而有效的课堂。当时，包括他们校内的其他组参加活动的教师都很诧异：这么亲切自然而自主自觉的课堂，是怎么做到的？我想，是因为两位教师带着对学科的热爱、对学生的热爱，用心规划课程、用心设计课堂，用心对待教学，学生在用心回馈。

2021年12月，我们在遂溪县第三中学举行三个名师工作室联合教研活动，在卢优莲老师的课堂上，再次震撼。在卜老师分享的教学设计案例中，我们似乎窥见了课堂背后的秘诀：对于Python程序设计的教学内容，她们设计了一系列的小项目，这些小项目都很贴近生活，还有学生感兴趣的"好名字"，如"自动售卖机""取号机"等，采用学生喜欢的方式开展教学，弱化数学基础对编程的影响，从模仿开始，再进行迁移应用，逐步减轻对编程的恐惧心理，慢慢地达到课程标准的基本要求。

基层的优秀教师能带动广大教师的成长。突然想起有位教师说的：如果湛江每所学校都有卜老师、卢老师这样的信息技术教师，那该多好啊！作为学科的教研员，我殷切希望我们学科能有多一些、更多一些这样的教师，让更多的信息技术学科教师热爱教学，构建更多的有深度的课堂。

（本文写于2022年，发表于《广东教育》2023年第10期，有删改）

# 做个"善教、会写、巧干"的信息技术学科教师

不少信息技术学科的教师，除了要上好信息技术学科课程之外，还承担了学校的不少工作。如何在有限的时间内把工作做得更好，干得更出色？下面从"善教、会写、巧干"这三个方面阐述。

## 一、善教

### 1.因材施教

信息技术学科的课堂教学一个突出的特点是：有的学生对本模块的内容在课前掌握得比较好，而有的学生是"零起点"，所以我们要结合学生的实际情况，不能"课本印什么，教师就讲什么"。尤其是高中新课程标准实施后，初中教学理念、教学方法与学生学法都要有相应改变，这对经济欠发达地区的信息技术学科教师提出了更高的要求。针对学生起点各不相同，在备课时就要充分考虑学生的实际情况，做到因材施教，设计好分层教学，务必使不同程度的学生都能得到发展。开设信息技术课程的目的主要是普及信息技术科学知识，提高学生的信息素养，备课时必须考虑如何达到这个目的。具体地说，要关心"零起点"的学生，不能让"零起点"的学生经过一节课后还是"零起点"；对于那些"似懂非懂"的学生，要让他们在课堂上有所进步，不能一节课过后还是"似懂非懂"。有的信息技术教师在课堂教学中采用"传、帮、

带"的方法，让基础较好的学生指导"零起点"的学生，这样既活跃了课堂的气氛，又增长了学生学习的兴趣。这种做法值得借鉴。

### 2.做到"精讲"

"讲"是教师常用的教学手段。学会"精讲"对提高课堂教学质量起着重要的作用。有的信息技术学科教师在这方面做得不算好，课堂教学语言不精炼。许多学科（特别是主要学科）对每一节课要完成的内容有严格的规定，而信息技术学科现在还没有规定，更没有统一的考试要求，使得不少教师上课爱讲到哪就讲到哪，这一节课讲不完就留到下一节课讲，对一节课的目的和内容的安排没有计划。这样就造成了信息技术教师在课堂讲课的随意性。信息技术教师要虚心学习，加强课堂教学语言方面的修养。

讲课是教师组织教学活动的一种形式，贵在"精讲"，要精确、精炼、精彩。首先，在备课的时候要对每一节课的内容有明确安排，力求目标明确，突出重点，突破难点，不要"踩到西瓜皮，滑到哪是哪"。有条件的学校，信息技术学科组要采用集体备课，充分发挥集体的力量。其次，年轻的教师刚任教，备课时要对主要的表达语言进行设计和"预习"，做到发音正确、清晰，句读分明，流畅悦耳，这样可以避免在课堂上讲废话。再次，要经常去听别的学科一些较有经验的教师上课，吸收有用的经验。信息技术是一门较新的学科，要请一些经验丰富的教师来听自己的课，指出自己教学中的不足和需要改进的地方。最后，要注意日常生活中语言与交流的习惯。有的教师对自己的讲课进行录音，课后自己认真审听，矫正自己的语言缺陷，就是一种很好的办法。

### 3.遵循学生认知规律

一些专业知识比较扎实的教师有时上课教学效果比不上专业知识稍差或别的专业转过来的教师的教学效果，我想其中的原因是：这些老师忽视了学生的认知规律，"忘"了自己最初的学习办法。举个简单的例子来说：让我们去教小学生"1+1=2"，或许有的教师还不一定能教好。

我们要从学生的认知规律出发，坚持以人为本的教育思想，处处为学生着想，才能"教"好。

有的教师讲解《计算机病毒的认识》一课时，不是按照课本先讲计算机病毒的定义，而是先让学生认识计算机病毒的外在表现，使学生对病毒有了直观了解后，才给计算机病毒下定义。这样灵活地处理教材，符合学生的认知规律，有助于培养学生的信息素养。

## 二、会写

教师要学会在自己的教学实践中探索教育教学规律，学会写教育教学论文。

### 1.抓住时机写文章

对某节课或某个问题感兴趣，或者某节课觉得上得特别好而有乐滋滋的感觉，这就是你写的对象。当灵感来临的时候，要抓紧时间写，因为每个人的灵感不会持续很久，一下子就过去了，再找这种感觉就不容易了。大家可以在杂志上看一些文章，会发现它们中的很多东西其实都是我们日常教学中的东西。为什么别人会把它写成文章呢？这就是因为作者抓住了最好的时机。把握时机，是写好文章的开端。

### 2.理论联系实际

抓住了时机后，有的教师还是写不出好文章，如我收集的一些论文，有的只有一些例子、简述一件事情或者是一个问题的调查报告，这都不能算是真正的教研论文。当然，纯理论的东西也不是我们一线教师研讨的内容。对某个问题提出疑问，写成文章时最好要有一定的建议或意见，因为只提出问题而没有提出解决问题的办法，也不能算是一篇好文章。

文章要讲究时效性。当新课标出来后，如果你还在写旧大纲的东西，这就不符合时效性了。信息技术这一学科，除了教学上的时效性，还要追求技术上的时效性。信息技术教师要多关心新的信息，不断学习，要对课本的知识善于取舍。

**3.时刻记住自己是一线教师**

有时在搜集到的论文中，我发现一些教师写的文章"站的位置"欠妥，如有的写到"不出几年，信息技术将列入高考的范围"之类的话。这些是大事情，不是我们一线教师所能决定的，目前没有官方的报道，在文章中最好不要提到。

也许是上网多的原因，有的教师的文章会出现非正式场合出现的文字，这些情况最好要避免。有的教师把纯计算机技术性的文章作为教学论文上交，这显然不合要求。

写论文，要从自己最熟悉的地方入手，不要求大求广，写自己在教学一线的做法与体会即可。

# 三、巧干

**1.开展竞赛，培养尖子生**

信息技术学科教师除了要上好信息技术课外，还要结合学科的实际，开展和组织参加竞赛活动，在普遍提高学生的学科知识、学科能力的同时，发现和培养尖子生，指导他们在竞赛中获奖，这样可以使自己获得"成就感"，得到学校和学生的认可。

现在与我们学科相关的竞赛主要有 NOIP 和学生作品制作等比赛。NOIP 对学生的数理逻辑思维要求较高，对教师的计算机学科知识要求也较高；学生电脑作品制作主要是要求学生有一定的硬件环境、有较高的兴趣和动手能力。在教学中，我们要结合学生的实际情况，善于发现和培养尖子生，促进他们脱颖而出。

**2.课程整合中要体现信息技术学科的地位**

现在不少学科都讲与信息技术学科的整合，这就增加了信息技术学科教师的工作量。不少学科的课题是"网络下的某某学科教学"等内容，信息技术学科教师在为别的学科构建课题所需要的平台付出不少努力，但最终出的成果往往是别的学科。所以我们要找对自己的路子，在课程整合中体现出信息技术学科的地位，并确保我们的付出能够得到应有的回报。

（本文写于 2005 年）

# 高中信息技术课程改革中教师应处理好的几个关系

## 一、学生与课程标准起点的关系

原来的《中小学信息技术课程指导纲要》中，高中信息技术课程几乎与小学、初中的信息技术课程同样为"零起点"。考虑到与初中阶段的衔接、各地发展不平衡等情况，新标准选择了适度提高起点的设计思路。

高中阶段信息技术课程，对于相对发展缓慢的地区或来自初中阶段尚未开设信息技术课程的高中新生来说，建议采取开课前分层次补课的方式接近"标准"的起点。补课的重点在于计算机、网络等的基本使用技能和有关基本概念，以使学生通过补课，能够跟上整体的学习进度。

## 二、教材与课标之间的关系

### 1.教材是"依据"还是"材料"

长期以来，教材被认为是教学的依据。我们了解了一些教师对教科书作用的看法，大部分认为教科书是教师教学的依据、学生学习的依据和考试的依据。

这是把教科书的作用与课程标准的作用混淆了。在实际教学中，教科书成了教学大纲的"替身"，扮演了过于"权威"的角色，其作用和影响超过教学大纲。许多学校的情况是：教师"教"教科书，学生"学"教科书，教科书是"学校教学事实上唯一依据"。如果有教师觉得指定的教科书在内容的选材和安排上有什么不妥之处（非科学性错误），他可能会不断地抱怨，但忠实地按照教科书教下去，直到教科书做了修改。

现在的情况开始变化："教材是学生和教师进行教学的主要材料"的思想正在被不少教师接受。教科书并不是教学的唯一依据，甚至在某种程度上不是依据，而是材料。还有一种现象可以说明教师对教科书的认识不仅有了变化，而且是可行的。例如，不少教师上公开课或研究课，都重新组织了教材，在教学方法的选择和教学过程的设计上有所创新，体现出个人的教学风格。

在这个前提下，我们就可能接受与教科书有关的一些教学过程和教学方法的变化：授课顺序是可变的；授课时间是可调的；教学实例是可选的；教科书中的内容不一定是必须用的或必须掌握的。

2.教材是"教"材还是"学"材

教材是给学生用的，还是给教师用的？人们面对的，实际是一个矛盾。传统观念中，教材主要是给教师上课用的，因此，教材的面孔一般很"严肃"。也常听教师说"某某教材没法教"，如内容多了，或内容少了，但很少听有人说"这教材学生没法用"。

现在这种观念也在变化，虽然教师仍希望看到的是一本教师好"教"的教材，但"教材主要是给学生编的"思想正在得到认可，如地理教科书中大量材料还是为学生用的。国内外地理学科的地理课本，从以教师施教为主的"教材"，到以学生学习为主，从教材到"学材"正在转变。

3.教材是学习的"客体"还是"媒介"

我国现实情况是，教师和学生手中往往只有相同的一本教科书，上课和考试又是以这本教科书为主，所以造成一种错觉：教师以为自己的工作就是教"教科书"，学生的任务就是学"教科书"，或者认为教科书是学习的"客体"。但是在实际教学中，教科书不能算是学生认识的客体。如果把教科书看作是学生活动的客体，学生与课程的关系就变得相对简单且静态化，整个课程结构就趋向于封闭。

如果以为学习教科书就是目的，而忘记学习本身的目的，结果必然是死记硬背，脱离生活实际，盲目崇尚书本，这是与教科书本来的目的背道而驰的。因此，与教科书是学习"客体"相反的教材观认为，"教材是传递教学信息的重要媒体"，是一种教学工具或学习工具的一种。用下面的话可以表述教师或学生与教材的关系：

> 教师教教材，教科书就是教师的主人；
> 学生学教材，教科书就是学生的主宰。
> 教师利用教材教，教科书就是教师的仆人；
> 学生利用教材学，教科书就是学生的工具。

重新认识课程标准、教材和教学之间的关系，有助于教师创造性地开展教学活动，只有当教师的教学富有新意、充满激情，能够真正因材施教时，培养学生的自主学习能力，激发他们的创新精神，促进学生的全面发展等素质教育的目标才能落实。当然，我国的区域差异非常大，教科书可用的地方还很多，但这并不妨碍教师逐步树立新的教材观和教学观，当区域经济发展到一定程度时，教学就可以迅速跟上现代化的步伐。

## 三、教师之间的关系

集体备课的优点在于集思广益，最大程度地发挥每个人的优势，实现资源共享，在集体研讨的过程中，使每个教师更加准确地把握教学内容与培养目标，以期在同一年级产生同一教学效果。经济欠发达地区，学生的基础较差，相应地需要更多的配套的教学活动资源。在集体备课时，在共同研讨的结果下，安排不同的教师设计不同内容的教学辅助资源，这样既节省了时间，又最大限度地使用了现存的教学资源，也充分地发挥了教师的积极性。在征订教材时，可多订其他版本的教材，既丰富了教学的参考资料，又能取各家之长，有利于灵活处理教材，促进课程改革的实施。

## 四、教师与课程标准的关系

新课程改革后，信息技术课程有1个必修模块"信息技术基础"和5个选修模块：选修1"算法与程序设计"、选修2"多媒体技术应用"、选修3"网络技术应用"、选修4"数据管理技术"、选修5"人工智能"。有的选修模块的内容，教师之前没有学过或者不太了解，要尽快学习掌握选修模块的内容、尽快适应教学要求。

## 五、教学与评价之间的关系

在新课程改革之前，信息技术学科教师对学生的评价往往喜欢放在学期末，将评价作为测量与分析学生是否掌握知识技能的工具。事实上，将评价渗透到教学的各个阶段，能增强评价对教学的促进作用。信息技术学科教师要逐步树立"教—学—评"有机结合的教学评价观，将对教学评价的设计融合到教学过程中，使其成为教学设计的组成部分，确保评价对教学发挥促进作用。

（本文写于2005年）

# 从 PISA 2015 测试工作反思教师培训

从 2014 年 3 月起，我被安排参与 PISA 2015 测试工作。2014 年 4 月 10 日是 PISA 2015 测试的时间，我们前往湛江市的抽测学校，由于不能进考场，我们只能在考场外听有关人员了解考试的进程。我们了解到农村学校学生对 PISA 2015 测试的题目做起来都不太顺利，而且有不少的监考老师说："我们都不会做这些题目。"测试和考务工作结束后，我查看了一些资料，思考"PISA 2015 测试与教师培训的联系"。

PISA 是国际学生评估项目（Programme for International Student Assessment）的简称，它是经济发展与合作组织（OECD）发起的国际比较研究，测评在即将完成义务教育时，学生在多大程度上掌握了全面参与社会所需的终身能力，聚焦在阅读、数学和科学等领域的素养上。

## 一、教师的素养与学生 PISA 2015 测试的关系

素养的获得是一个终身过程，不仅局限在学校或通过正规学校获得，还通过与家庭、同伴、同事以及朋友获得，虽然不能要求九年级学生学会所有将来有用的能力，但是要为未来继续学习和学以致用做好准备，他们应该在阅读、数学和科学等领域有扎实的知识基础。为了能在阅读、数学和科学等领域中继续学习，在现实世界中应用他们学到的内容，他们要理解相关的基本过程和原理，在不同情境中灵活应用。

湛江市参加 PISA 2015 测试的是一所农村学校。由于受环境和条件的影响，农村孩子接受知识教育的场景主要是学校，教师的主要任务是向学生传授科学文化知识，促进学生个性全面发展。因此，教师具有合理的知识是做好本职工作的一个重要条件。因此，首先要提高教师的素质。

提高整个民族素质的关键在教育，而提高教育质量的关键是提高教师素质。教师应不断充实适应时代发展需要的新知识、新技能，以增强其教书育人的有效性。教师肩负培养 21 世纪人才的重任，必须适应素质教育发展的需要。

从本次 PISA 2015 测试看，要使学生能适应 PISA 2015 测试，第一，现有教师的素质，包括其教育和教学方面，要与学生的素养培养要求相适应。第二，现有的教师要加强培训。

## 二、促进每一位教师的素养提升是提高学生素养的关键环节

PISA 2015 聚焦于年轻人运用知识和技能迎接现实生活挑战的能力。这能反映学校教育目标和课程目标本身的变化，即越来越多关注学生能运用他们在学校里学到的内容做什么，而不单单看他们是否掌握了特定的课程内容。

PISA 2015 具有独特的"素养"概念，即有关学生在主要学科领域应用知识和技能的能力，以及在不同情境中提出、解决、解释问题时有效地分析、推理、交流的能力。PISA 2015 所测试的是完成与现实生活相关的任务的能力，它取决于对关键概念的整体理解，而不是把评估局限在对特定学科知识的理解上。

面对 21 世纪的人才要求，我们一直在探索课程改革。学生走向社会、解决问题的时候，往往不是靠某一孤立学科的知识，而是需要涉及多个学科的综合知识和综合能力。通过各学科知识的互动、综合能力的培养，促进师生合作，创立以人为本的新型综合课程，以便应对社会的

发展。教师培训要增加综合能力的内容，教师在教学中要有意识地培养学生的综合素养，学会将学科的知识运用到综合实践中。教师要抱定终身学习的观念，加紧学习，学习知识，学习技能，学习自己擅长的，也要学习自己所不擅长的，尽量弥补自己知识上的盲点。

要给学生一杯水，自己先得有一桶水。日日学习，博学多思。贵在坚持，持之以恒。

### 三、校本研修是教师培训的重要内容

校本教研是为了改进学校的教育教学，提高学校的教育教学质量，从学校的实际出发，依托学校自身的资源优势和特色而进行的教育教学研究。校本教研的基本特征是以校为本，强调围绕学校自身遇到的问题开展研究。

校本教研强调理论指导下的实践性研究，既注重解决实际问题，又注重经验的总结、理论的提升、规律的探索和教师的专业发展，是保证新课程改革实验向纵深发展的新的推进策略。

校本教研是教师为了改进自己的教学，在自己的教室里发现了某个教学问题，在自己的教学过程中追踪或汲取他人的经验解决问题。有人把这称为"为了教学""在教学中""通过教学"。

"为了教学"，是指校本教研的主要目的不在于验证某个教学理论，而在于"改进"、解决教学中的实际问题，提升教学效率，实现教学的价值。

"在教学中"，是指校本教研主要是研究教学之内的问题而不是教学之外的问题，是研究自己教室里发生的教学问题而不是别人的问题，是研究现实的教学问题而不是某种教学理论假设。

"通过教学"，是指校本教研就是在日常教学过程中发现和解决问题，而不是让教师将自己的日常教学工作放在一边，到另外的地方做研究。

教师个人的自我反思、教师集体的同伴互助、专业研究人员的专业引领是开展校本教研的三种基本力量。

## 四、充分发挥图书馆在教师培训中的作用

在素质教育中，图书馆不仅能够拓宽学生的视野，使学生得到全面发展，为学生自主学习提供资料，还能为教师提高自身素质、开拓教学思路、提高教学质量提供方便。图书馆在教师的培训中将扮演更加重要的角色。

PISA 2015测试关注青少年在阅读、数学和科学等领域的素养，对于青少年学生形成这样素养的引领者——教师，我们更应关注其综合素养。个别教师鲜有静心阅读的习惯，知识面狭窄，缺乏在课堂上旁征博引的能力。此外，文科教师常常重文轻理，理科教师常常重理轻文，这对于教师的综合素质培养不利。因此在教师培训当中，应充分发挥图书馆的功能，有目的地将图书馆建设成教师成长的重要园地。

第一，利用图书馆，提升教师的文化底蕴。我们发现，高年级学生喜欢的课堂，固然是因为有趣，但更深层的原因是：上课的教师文化底蕴深厚，课堂上能够挥洒自如，游刃有余。这些教师能不断开阔自己的文化视野，善于利用图书馆，积极地丰富自己的文化知识，厚积而薄发。

第二，利用图书馆，向文科教师推荐阅读科普知识、学科基础知识，向理科教师推荐阅读人文艺术。在当前的教师培训中，往往侧重于专业培训。如每年一次的教师职务培训，甚至大部分的技能培训，以学科分组，阅读材料基本上是本学科的内容。教师平时的阅读也大抵如此，不利于综合素质的提升。在培训时，可利用图书馆给教师提供阅读建议，使文科教师具备扎实的学科基础、丰富的科普知识，使理科教师具有浓厚的人文艺术底蕴，从而促进教师的全面发展。

第三，利用图书馆，向教师推荐新兴学科以及学科前沿理论读物。

PISA 的阅读材料丰富，包括新闻、生活、科技以及社会前沿新兴事物，旨在测试学生从阅读中获取信息的能力。在教师培训当中，可利用图书馆引导教师关注新兴学科以及学科前沿理论，补充社会学、心理学知识，使教师自身的能力不断提高，从而促进教学的发展。

（本文写于 2016 年）

第二编 教师论

▲
▲
▲

第三编

学生论

# 信息技术课程教学要体现"以人为本"

中学信息技术课程以培养学生的信息素养为根本目标，使学生通过学习，把握具有普遍迁移意义的信息技术的文化要素，体验信息文化，提升信息素养，从而支持全面的基础文化素养的发展，促进个性的发展和整体素质的提高。

中学信息技术课程要结合中学生的学习生活、学习实际设计问题，在利用信息技术解决问题的过程中，要充分发挥学生的想象力和创造力，通过创新实践发展学生的个性。因此我们在课堂教学中要体现"以人为本"。

## 一、要体现以人为本，必须处理好学生、机器和教师之间的关系

信息技术学科是一门实际操作很强的课程，教学要有一定的硬件设备，并且教师要发挥主导作用。但要体现以人为本，还要调动学生参与教学过程，千方百计地调动学生学习的积极性，教师在上课的时候要营造良好的学习氛围，给学生充分自主学习的时间和空间，让学生在学习中找出问题、解决问题，提高学习的兴趣，使学生的知识、能力、情感、意志和个性得到协调发展，促进学生整体素质的提高。

初中的计算机硬件知识的介绍课中，有的教师采用多媒体来介绍计

算机的硬件。平常没有接触过计算机或接触较少的学生，就难于理解和接受。有的老师现场拆开计算机，指导学生观看，教师对对照零部件及时点评，学生通过眼、耳、手的感受对计算机硬件知识有了明确认识。这样以人为本，让学生主动参与教学活动，对学生今后的学习、生活起了很大帮助。

现在有些教师，尤其是一些经济欠发达地区的初中、小学教师，拿着教学光盘来上课，用教学光盘来替代教师的讲解。还有一些教师，通过播放一些现成的或自己制作多媒体的软件来辅助教学，这样充分利用了设备，可以腾出许多时间给学生活动。但不管采用何种教学方式，都不能忽视教师在课堂上的引导作用。

新教材中不少内容以学生制作的主题活动为主，有的教师在布置了主题活动后就不再理会学生，这样安排课堂教学是不妥的。因为有的学生在设计过程中会出现各种思维"卡壳"，这时，教师如果加以适当指引，会使"卡壳"的思维"开窍"。教师要对学生的设计加以及时点评，把好的制作点子拿出来分享，从而可以提高学生的成就感，促进学生内在潜能的发挥。

## 二、要体现以人为本，必须遵循学生的认知规律

初中信息技术课程的内容，一般安排如下：计算机系统的基础知识；计算机的基本操作；计算机软件的使用……

对部分学生来说，平常没有接触过计算机，甚至没有见过计算机，直到信息技术课才开始接触计算机，他们对计算机缺乏了解。针对这种情况，有的教师不是照搬上述安排，而是用一至两节课的时间让学生先初步认识计算机的用途。如先教学生打开学生档案库，让学生输入自己的档案信息资料，然后让学生使用一下查询、统计等功能。这样虽在开学初多用了一些课时，但为以后教学打下了一个良好的基础，比一开始就讲计算机的基础知识好。

以人为本，主张把学生作为独立的、具有创造性的、全面发展的个体来培养，强调通过教学活动促进学生素质的提高，强调按照认知规律来设计教学。不能把学生当作接受知识的"容器"，不能照本宣科向学生"硬灌"。

从认知论角度来考虑，掌握知识和理解理论，需要完成从感性认识到理性认识、由理论到实践的飞跃。教师要破除对课本的依赖或迷信。设计教学不是凭教师的主观愿望，而要以人为本，体现"学生是主体，教师是主导"的原则。

遵循学生的认知规律来设计教学，能提高课堂的教学效率。教师要具有灵活处理教材的本领。课本对新概念的讲解，有时是先讲概念，再举例说明；如果教师先举例说明，再总结出概念，也能取得较好的效果。

### 三、要体现以人为本，在设计教学活动主题时尽可能结合地方特色

信息技术课程的内容都有主题活动。教师设计的主题活动要尽可能贴近学生的生活，具有地方特色。例如：北方的小学生可以设计以"冰雪世界"为主题的教学活动，但到了南方的沿海地区，虽然学生对"冰雪"有极大的兴趣，但学生平时没有接触过，这时可以设计以"大海"为主题的活动。

总之，以人为本，重视教师主导作用的同时，强调学生的主体作用，是教师的主导作用与学生主体作用的统一，教师主导作用必须立足于学生主体作用，主导作用只有通过学生主体作用才能实现。笔者认为，教师热爱学生、尊重学生，处理好师生关系，是实现以人为本的出发点。

（本文写于2003年）

第三编　学生论

# 坚持以生为本，提高信息技术课堂教学效率

## ——一节信息技术优质课的观摩与反思

2005年苏老师参加湛江市新课程高中信息技术优质课评比活动，课题是"用计算机程序解决问题"，这是广东省教育出版社《信息技术基础》必修模块第四章"信息的加工与表达（下）"中的第一节。这节课受到学生与观摩教师的好评，获得市一等奖。我认为此课取得成功，是因为在课堂教学中坚持以生为本，注重结合学生的学习实际设计问题，让学生在亲身体验中锻炼、提高了发现和解决问题的能力。

## 一、遵循学生认知规律，进行教学设计

1. 根据学生的个性特点和认知水平，确定教学重点和难点

摸清学生的基本情况，确定合理、恰当的教学重点和难点，是提高课堂教学效率的前提。学生在初中阶段基本没有接触过本课的学习内容。学生既感到新奇有趣，又有一定的畏难情绪。特别是计算机程序中每一段代码的具体功能对于学生来说是较难理解的，学生不可能在短时间内掌握。根据学生的实际情况，教师把学生对计算机程序执行过程的理解作为教学重点，把帮助学生了解计算机程序设计的基本流程作为教学难点；把本课的教学策略定为：通过教师演示和学生操作一段已经编好的计算机程序，让学生了解计算机程序的工作过程；通过师生共同解

剖这段程序，让学生了解程序设计的基本流程。在学生练习中，将源程序提供给学生，让学生运行程序亲身感受计算机程序解决问题的过程，在此基础上对源程序进行修改，提升学生对用计算机程序解决问题的兴趣，把教学流程设计为：引入课题；体验程序的运行过程及作用（自主探究—学生演示—小结）；亲身感受用计算机解决问题的过程（分析问题—设计算法—编写程序）；交流评价；归纳总结；拓展提高。

2.坚持以生为本，灵活使用教材

新课程要求教师更新教育理念，变"教教材"为"用教材"。教师要尽可能由教材的"复制者"转变为教学的"创新者"，要根据学生的实际情况，对教材做相宜的"裁剪"，从而达到最佳的教学效果。

本节课的课题是"用计算机程序解决问题"。对学生来说，究竟什么是计算机程序？计算机程序如何解决问题？如果以学生既熟悉又简单的数学问题引入，程序的结构和语句会相对简单，学生也容易理解。为此，在本课教学设计时，通过学生熟悉的"用描点法画二次函数图像"引入课题，接着通过学生总结在数学课中已掌握的画函数图像的方法和步骤，引导出通过计算机程序画函数图像的方法和流程。这样的设计，引入课题自然，说明问题清楚，简化了"算法"和程序，较好地解决了教学难点，激发了学生学习编程的兴趣，同时培养学生有条理、按步骤解决问题的习惯。

## 二、制作专题学习网站，充实教学资源

专题学习网站是指在网络环境下，围绕某个专题进行探究的资源学习网站。专题学习网站提供的是基于丰富的网络资源上的学习平台。教师应事先根据教学内容，从不同的角度入手，进行多方面知识的有机整合，形成专题知识库，让学生从整体来认识事物。在制作本节课的专题学习网站时，注重了知识的"专"，而不一味地追求网站展现知识的海量。这样，既为学生的学习提供帮助，又避免学生在海量的信息面前迷

失自己，使教学资源真正为提高课堂教学效率服务。

苏老师制作本课的学习网站的栏目主要有：导言、自主探究、挑战自我、学习测评、拓展资源和心得体会。其中自主探究栏目的内容主要有：VB 程序界面的设计，VB 环境下输入、调试、运行程序的过程，一段画函数图像程序代码的分析等。把相关操作过程录成动画，为学生的自主探究提供示范。

在教学中，设置了这样的任务：在 VB 程序设计环境中打开并运行"程序 1.vbp"，观察其内容及作用。然后修改程序中代码，运行程序，你发现什么？并把修改后的程序编译为可执行文件。让学生利用课本和专题学习网站进行自主探究。学生根据疑问主动到学习网站寻求帮助，教师精讲、少讲，学生有更多时间去操作，激发了学生学习的积极性和主动性。

## 三、挖掘学生潜能，引导学生合作学习

多数高中生思想观念与各种能力也趋于成熟，他们有独特的思维方式，进行合作式学习有利于学习上的交流。信息技术本身就是一种交流的技术。在信息技术课堂教学中，教师应该转变传统的教学观，把自己当成学生学习的伙伴，设计切合实际的活动，组织学生交流与合作，把传统的孤立学习转化为新型的共同学习。

教学中，教师充分挖掘学生的潜能，引导学生开展合作学习。如本课的自主探究活动环节，苏老师是这样处理的：在学生学习活动中，学生以小组形式利用课本和学习网站进行小组合作、自主探究。在本环节中，老师密切关注学生的思维动态，加以适当指引，鼓励提前完成任务的学生给周围同学做"小老师"。自主探究活动后，让一位完成"任务"的学生到讲台上演示，讲述操作过程，教师进行补充和点评，注意引导学生遵循程序结构化设计的思想。

通过实践中摸索、同学间相互协助、伙伴代表的演示操作，学生很

快就了解了用程序设计语言编写程序解决问题的基本流程，为进一步实践打下基础。这比单纯听教师介绍、自己单枪匹马试探的效果好。通过这样的合作学习，学生体验到成功和快乐，增强了探究的勇气。

## 四、做好教学评价，促进个性发展

新课程改革要求信息技术教师逐步树立"教—学—评"有机结合的教学评价观，将对教学评价的设计和规划融合到教学设计中，使"教—学—评"贯穿到教学的全过程，确保评价对教学和学习的"全过程作用"。

针对学生信息技术水平参差不齐，在教学评价时，苏老师没有采用统一的标准，而是通过设置不同难度的题目，对每个学生进行客观、合理的评价。如在实践提高环节，以引入课题时运行的函数图像作为任务，设置了一个类似游戏的"挑战自我—我在哪一等级"活动。

题目的设置是分层的。从第1题到第3题有递进关系：题目从要求会在VB环境下打开并运行程序，到会修改代码，再到会添加代码。它的知识要求、技能要求都是逐步提高的。

评价也是分层的。根据题目的递进关系，分别对应着"C.起步水平、B.发展水平、A.典范水平"3个等级。学生根据评价表可以对自我的能力进行评价。学生完成题目后，将作业提交到学习网站的相应文件夹（共3个文件夹，分别起名为"起步水平""发展水平""典范水平"）。教师打开相应文件夹，就可检测学生自评的情况。在实际教学中，50个学生有8个达到A级水平、32个达到B级水平、10个达到C级水平，较好地完成了本节课的教学任务。

在交流评价环节中，教师根据学生自评的情况，选出A级、B级各1名的学生代表上台演示、讲解做法和体会，让其他学生观摩、提出疑问。此时，教师要注意学生是否正确运行了程序，得到了运行结果，并适时点评。对于"起步和发展"类学生，尽量给他们以表扬和鼓励；对于"典范"类学生，以激发为主，使其不断向更高水平发展。这样，既可以增强他们的自信心，又能调动学习积极性。课后同学们说："看到了自己取得的成绩，也发现了问题和不足之处。"

这样的教学使不同层次的学生都对算法有了初步的认识，体会了程序设计的内涵，形成对程序的整体印象。

从这节课的设计和教学中，我们可以体会到：坚持以生为本进行教学，的确可以提高课堂教学效率。

（本文写于2006年）

# 构建"以学习为中心的教与学"实施策略

"以学习为中心的教与学"的关系，就是在教学中以学生的学习为中心，教师在课堂教学过程中的一切教学内容、教学行为、教学态度、教学价值观、教学方法和教学艺术等均指向并服务于学生的学习。也就是说，将学生的学习和发展放在中心位置来考虑，让课堂中的每一位学生做到充分参与学习，使学习在课堂中真切地发生。

但是，我们面临的实际困难是：新教材内容新、多、难，面对的是非零起点学生，而湛江市的高一学生大多数是零起点，学时安排严重不足，教师不知如何破局；大部分学生基础薄弱，导致教师在教学中不敢放手，在忙乱的课堂中难以实现好的教学效果；课堂教学缺少有效的评价，教师和学生对学习情况和学习效果了解不清晰。

鉴于所面临的教学困境，我们开展"湛江市信息技术学科多元化引领实践研究"，以课题研究引导教师思考信息技术学科教育教学的现状，思考在不同家庭和教育背景下，学生基础不同，教师应如何创设开放、合作、自主、探究的学习氛围，激发学生积极参与信息技术学科学习活动。

## 一、结合实际，精心选题

课程结构是根据教育需要将课程内容、具体科目和课程类型等组织在一起形成的课程体系和结构形态。普通高中信息技术课程标准从动手与动脑、学习与创造、自我与社会协调来设计课程。为了满足学生信息技术基础知识和发展个性的需求，应将学科核心素养渗透到课程教学中。构建以学习为中心的信息技术课堂，需要认真分析学情，选取符合学生学习认知特点的学习情境，结合实际情况，精心选择教学内容，对教材进行重组加工，按照课程标准，开展教学。

如黎老师，在带领同学们学习"人工智能"知识时，选题就新颖而独特。他将必修一《数据与计算》的第六章与选修模块《人工智能初步》的第三节结合，以《人工智能之人脸识别》为主题，选取人脸识别案例进行剖析，组织学生体验腾讯 AI 开放平台"五官定位"，图示讲解机器如何通过特征点来描述并识别人脸，讨论人工智能如何应用于校园，启发学生从身边发现人工智能应用的设计点及实现的可能性。整个教学设计环环相扣，真正是以兴趣为起点、以活动为载体、螺旋上升而设置教学内容。

## 二、相信学生，敢于放手

湛江市的信息技术教育教学方面存在着一些阻碍：有些初中学校未能正常开设信息技术课程，以致部分学生高中入学时信息技术基础薄弱，自主学习能力和实践能力不强等。因为学生基础差，教师在教学方面放不开，唯恐学生跟不上，不敢有新思路；在课堂上忙着指导，一节课下来，累而且效果不好，最后学生不知道到底收获了什么。

课题组教师认为，现代青少年，就算小学和初中阶段没有系统学习过信息技术课程，但他们从小就有机会接触到各种信息技术设备，使用信息技术设备已经成为他们日常生活中不可或缺的环节，他们的行为和思维方式逐步适应了信息化环境。基于此，在课堂教学设计上，课题组教师充分发挥学生的主观能动性，放手让他们去探索和实践。在课堂上，少控制，少讲授，只讲基础部分，剩下的交给学生去探索。

以课题组卜碧芳老师的教学课例《运用选择结构描述问题求解过程》为例：该课通过创设情境、新知初体验、教师精讲、案例实践、综合实践、作业评价几个环节，让学生通过尝试—模仿—创新，使学生通过不断体验和实践理解"if语句"的应用。整个教学过程，教师讲解的时间不超过5分钟，学生成为课堂的主人。

该案例编程模拟自动售卖机功能：当顾客输入商品号之后，机器提示"你选择的是第×号商品"，顾客输入的内容超出范围，则提示"输入无效"。在学习的过程中，有学生对案例提出了质疑，问能不能在输入某个商品号时显示具体售卖的商品，由此引出了"多选择结构"这个问题，自动售卖机2.0出现了。在自主探究的过程当中，有的学生将自动售卖机程序2.0修改成爱豆投票系统、游戏角色选择程序等。还有些同学提出，2.0虽然可以显示具体的商品信息，但选了一个就退出了，能不能实现多次选择呢？于是教师趁机引入了具有循环结构的3.0。个别学生甚至考虑到在现实应用当中投币问题，自主思考并实现了具有投币判断的4.0。一群没有编程基础、鲜有信息技术实践经历的高中生，逐渐形成计算思维，慢慢地拥有了知识迁移的能力，给我们的教学带来了惊喜，也带来了思考。

今天，我们已经走进数字时代、信息社会，对公民提出特有的信息素质要求。高中信息技术学科的教学强调要提升学生的信息素养，使他们在未来信息社会中更好地生存与发展。相信学生，敢于放手，构建以学习为中心的课堂，能缩小城市孩子与农村孩子之间的"数字鸿沟"。

## 三、项目教学，培养能力

学科课程的本质特征既取决于它特有的学科逻辑体系，也表现在其独特的研究方法和话语体系。信息技术课程既要促进学生终身发展必备的基础知识和基本技能，也要反映学科自身的话语体系和探究方法，引导学生在真实的问题情境中学习技术工具，理解学科方法，并利用技术工具和学科方法解决问题。同时，信息技术课程本身具有实践性强、应用范围广的特点。通过项目教学法开展教学，能够加强信息技术课程的实践性，提高学生的动手实践能力，避免信息知识的机械接受。在实施项目教学时，将所学的知识融入项目，让学生在完成项目的过程当中，通过合作探究掌握技术，理解学科方法，并利用技术和学科方法来解决问题。

课题组尝试通过项目教学法来促进以学习为中心的信息技术课堂教学。其一，项目宜小，生活中小程序都可以作为选题小项目。其二，项目教学法要体现在学生的学习过程，突出学生的思考，能用所学的知识去思考、分析、解决现实中的实际问题。其三，项目的设计既要能够融合知识点，又要贴近生活。如课题组教师所在学校遂溪县第三中学，精选项目，在《数据与计算》的第四章第三节"运用选择结构描述求解的过程"，老师给出3个参考选题：自动售卖机程序、成绩等级评定程序、销售折扣计算器，鼓励学生自己发现问题而形成新的选题，用3节课来完成项目，第一节课选题、分析问题、设计算法，以及学习所需要的编程基础知识，第二节课编写代码和调试运行，第三节课展示和分享、相互评价。项目成果展示时，同学们都非常惊喜：原来自动售卖机的原理是基于选择，计算机评定成绩等级是基于判断，原来自己也可以编写程序来让计算机解决生活中的问题……而令教师惊喜的是：在整个项目教学期间，学生的学习主动自觉，小组成员积极讨论、互相帮助，教师得以从繁忙中抽身观察课堂，从更高的层面来把握课堂教学。

## 四、搭建网站，辅助学习

在信息技术课堂教学当中，搭建教学网站引导学生自主学习，有意识地让学生"使用信息技术"来"学习信息技术"，有助于构建以学习为中心的课堂，能够根据不同学生的发展需求，保证每个学生学到共同基础的前提下，分类分层进行教学设计，引导学生形成个性化学习方案，促进学生个性化学习。

目前，课题组教师所在学校基本上形成了以学习为中心，按需搭建适合本校学情的教学网站。如岭南师范学院附属中学用Moodle平台搭建的信息技术课堂教学网站，各个教师的课程各具特色又可相互借鉴，既有学习目标、学习任务、学习资源、学习帮助，又提供在线互助和评价系统。在教学网站的辅助下，学生日常的学习跟平时的上网相似，让学生能够更好地适应数字化学习的过程，养成自主学习的习惯。学有余力的同学可以通过网站资源进一步探索，甚至进行另一个内容的学习。

同时，教师借助教学网站，引导学生体验数字化学习与创新活动，掌握数字化学习策略，帮助学习运用网站表达思想、建构知识，养成数字化学习与创新的习惯。教学网站运用到教学当中，能提升课程内容的广度、深度和问题情境的复杂度，为学科兴趣浓厚、学科专长明显的学生提供挑战的学习机会。

## 五、多元评价，关注成长

在教学中，我们要以多元化的评价促进学生学科核心素养的提升，不能简单地以分数或等级来评价学生，而要多采用表现性评价语言，注重学生在不同起点的发展情况，而不是看重他们是否都达到了某一共同标准。

如采用基于网络环境下多元化的过程性评价，通过在线评价系统搜集学生学习过程中的多维数据信息，来记录并判断学生的学习过程。在整个学习过程中，评价系统按时间维度将学生的表现和学习成果及时记录入库，成为学生综合评价的原始数据。运行一个学年甚至更长的时间，一个完整的学习档案就形成了。学生可以随时查看自己的学习表现和学习成果，也可以浏览评价他人的作品，甚至可以互送礼物点赞，形成对学生有激励作用的氛围。课题组教师所在学校的教学实践表明，评价系统数据的生成过程，是互动性的教学评价过程，也是学生进一步生成知识与技能、培养情感的过程，更是学生成长的过程。在这个过程里，教师担负着引路人的角色，引导学生所作的每一次努力，都会产生相应的结果，学生会根据这些结果来重新调整自己的学习行为，产生新的结果。这种良性循环，极大地促进了学生学习的主动性和积极性，也极大地提高了课堂教学的有效性。

（本文写于2021年）

# 与学生多一分亲近，教学多一分喜悦

要使学生能够自觉、积极地使用信息技术，就需要维持与提高学生对学习信息技术课的兴趣，避免由于课程的枯燥而磨灭学生最初的学习兴趣。遂溪县第三中学信息技术学科教师的做法是：在教学设计和课堂教学中，多与学生亲近，让学生喜欢信息技术课，在培养信息技术的过程中，提高学生的信息素养，有效地提高课堂教学效率，教师在教学中收获喜悦。以下谈谈他们的一些做法。

## 一、亲近"零起点"的学生，让他们跟上教学的要求

关注每一位学生的发展，是信息技术课程应当渗透的思想。而对于"零起点"的学生，应该给予特别关注，使他们能够跟上"非零起点"的教学要求。

遂溪县第三中学属于县城普通高中，学生的信息水平参差不齐。"零起点"的学生，每个班约有20个。这些学生，听不懂教师所说的内容，甚至连鼠标和键盘都不会使用，更别提自己去实践了。有的学生因听不懂信息技术课而产生了很大压力。经调查发现，因无法完成信息技术学习任务而产生压力的学生还真不少，尤其是那些态度认真的学生。对这群特殊的学生，学科教师显得特别"偏爱"：给他们复印键盘图，帮助他们了解键盘的结构分布；利用空闲时间，给他们进行基本操作扫

盲；在课堂上，总是用微笑和肯定的语言去引导他们学习，鼓励大家不要放弃。"别人完成任务也许比你轻松，做得比你好，但相较之下，你就算未能完成任务，甚至只是打出几个字，你的进步也是巨大的。"在课堂教学上，教师设计不同层次的学习任务，使"零起点"学生能够实现学习目标，找到学习的信心和成就感；在学习的过程中，老师特别注意巧妙地帮助他们，让他们发现，原来自己"跳一跳就能够得着"……

这些亲近和关注，对于起点低的学生是大激励，他们的信心培养起来了，他们懂得了如何发问、懂得了如何自主学习、懂得了如何发挥自己的主观能动性去解决问题。看着他们自信起来的笑脸，上课的教师充满信心。

## 二、亲近学生的生活，把学生的注意力吸引到课堂上

信息技术知识源于生活，服务于生活。如果我们把生活中的实例转化为研究的对象，学生就会感到亲切，容易理解，并激发学生学习的兴趣，有利于将学生的注意力吸引到课堂上，从而践行"信息技术与学生的日常生活、学习紧密结合起来"的新课程理念。

例如：教室里常常回荡着《江南 style》这首曲子，学校的晚会有好几个节目与之有关。《江南 style》为何这么火？教师将这个问题作为一个实践任务，要求学生探索其背后的秘密。又如在高一学生刚刚参加完军训，还对军训生活充满激情和怀念的时刻，让学生学习制作多媒体军训相册。教师节、元旦、春节临近，利用电脑自制贺卡，送给老师、同学或亲人。月考之后，要求利用 Excel 统计分析月考成绩……这些实践活动，都与同学们的生活密切相关。大家的注意力被吸引过来，经过探索，尤其是分享讨论后，既得到了问题的答案，又学会了如何透过表象分析问题，收到了很好的教学效果。

高涨的学习热情是课堂效果的有力保证。而好的课堂效果，让教师体验到作为一名课堂引导者的自豪感。利用学生熟悉的生活背景作为学

习的主线，可以成功地激发学生的学习兴趣。每次听到学生兴奋地说自己的成果，教师也喜悦地感受到自己的教学效果。

### 三、亲近学生的实际应用，让学生体验课程的效益

高中信息技术课程需要结合高中学习和生活实际来设计问题，在利用信息技术解决问题的过程中，掌握信息技术解决问题的思想和方法。在运用信息技术解决问题的过程中，要充分发挥学生的想象力和创造力，通过创新实践发展学生的个性。

例如，在进行文本信息的加工与处理时，教师设计了一个综合活动——"走自己的路，编自己的书"。这个活动既需要学生有一定的信息搜索能力，又需要有相应的信息加工能力；既要求学生完成独立的工作内容，又要求重视小组的协作与互助。编书活动分为4个阶段：前期准备阶段、资料搜集阶段、排版美化及整合阶段、作品评价阶段。在整个活动的过程中，大家互相帮助，实现了真正的协作学习。高一（17）班5个小组的主题分别为亲情、意志、青春、信念、梦想。当把作品进行分享评价时，同学们激动不已。这是他们对信息技术的切实应用，是他们自己亲身体验信息技术课堂的真实效应，而且结果是如此让人自豪。

信息技术课程强调高中学生能够主动将所学内容应用于自己的学习活动，信息技术应用的过程正是学生信息素养切切实实地继续提高的过程。学生很好通过教师设计的教学活动而提高自己的信息素养，就能达到信息技术学科教师的教学设计的要求。

### 四、亲近学生的心灵，做好课程育人

在信息技术课堂中，教师奉行"学会做人，学会学习"的教学理念，注重信息技术人文、道德和美育的教育，在课堂教学中渗入道德教

育，使学生能够在信息技术学习中发现美、创造美，同时做一个有道德、有责任感的人。

该校的信息技术课堂，是通过教学网站的形式展现的。除了平时上课的内容和学生作业和优秀作品，还有"好文共赏""美图仓库""校园BBS"等栏目。好的文章，会让人的心灵在不知不觉中得到升华。"好文共赏"就是这么一个专为同学们分享好文章的地方。这些文章，不仅是信息技术课堂的素材资源，更是德育的无形宝藏。"美图仓库"，一部分为同学们所创作，一部分是网络搜索所得。这些图片所展现的惊人美丽或创意，滋润了同学们爱美的心灵，激发了同学们的灵感。"校园BBS"，是供同学们讨论的地方。在这里，最容易出现"鱼龙混杂"的状况，是问题，也是教育的契机。教师常常利用同学们的发言教育大家：在网络上，在别人看不见的地方，更应该做一个讲文明、讲道德的人。

除了这些固定栏目，还要善于在教学问题任务的设计方面渗透德育要求学生制作以热爱家乡、热爱学校为主题的作品；在实践过程中注重爱国主义教育，如以国庆节为主题的电脑绘画等。

作为信息技术"德育基地"的"好文共赏""美图仓库""校园BBS"等栏目，已经成为同学们喜欢浏览的网站页面。学生自己建设这些资源，又从这些资源中获取营养。渗透在课堂教学中的德育，也发挥了作用。过去不时有一些学生会在网上说一些不文明的话，传一些不好的图片或文章，经过一段时间的渗透，这种现象已经消失。过去有些学生总爱以一些颓废或丑陋的思想作为主题展现作品，现在这种情况不再出现。信息技术课堂除了学习和使用信息技术以外，同时也是一处心灵的栖息地。看着日益丰富的资源，感受着同学们越来越成熟的表现，让该校的学科教师深深地感到作为一名信息技术教师教书育人的喜悦。

（本文写于2018年）

# 信息技术课堂培养学生"问题意识"的实施办法

"学起于思，思源于疑。"信息技术课程标准提出：强调问题解决，倡导运用信息技术进行创新实践，要把创新精神和创新能力的培养作为信息技术教育的重点内容。在信息技术课堂上通过激发学生的好奇心、求知欲和想象力，培养学生的"问题意识"，可以促进学生的创造性思维品质，提高学生的科学精神和人文精神。下面，我就观摩的湛江市第十五中学高二计算机专业班《VB程序设计——弹出式菜单的设计》一课谈谈培养学生的"问题意识"的几点做法和体会。

## 一、学会提问，是培养学生"问题意识"的基础

"学问之道，有问则得。"提出一个问题，往往比解决一个问题更为重要。引导学生发现问题，是我们首先要做的。在教学第一个环节中，教师演示几种菜单栏和弹出式菜单，引导学生观看，并让学生说出菜单种类，以建立弹出式菜单的感性认识：认识菜单栏和弹出式菜单的异同（位置、使用、功能）。这样，通过让学生回答问题引导学生讨论问题时畅所欲言，相互研讨，引导学生自己寻找答案、寻找规律激发了学生学习欲望。

其次，让学生自己学会提出问题。最精湛的教学艺术，遵循的最高准则就是让学生自己提问题。允许和鼓励学生对知识有自己独特的理

解，对疑问有与众不同的解释。在教学第二个环节中，教师通过让学生观察演示、听讲授，了解弹出式菜单设计的基本方法：利用菜单编辑器建立菜单，利用 Popup Menu 方法显示弹出式菜单。接着让学生完成菜单栏的设计任务，如建立一个简单的颜色设置菜单。学生通过这一任务的完成，用已学的知识操作，建立了知识链条。这一环节中，学生主体意识得到了加强，主体参与能力得到了培养。在课堂中注重学生的自主参与，通过独立学习、小组讨论、集体评议、师生交流等多种教学手段，使学生自己发挥组织者、指导者的作用，多让学生各抒己见，多听学生意见。这一任务的评价中让学生观看同学的程序并判断正误，评价标准是：功能实现，字体、颜色等外观设计合理。通过与学生的配合，达成思维共振与感情共鸣，努力为学生创造发现问题的机会。

## 二、运用信息技术去解决问题是培养学生"问题意识"的主要途径

运用信息技术进行问题的解决，是本次课改强调培养学生信息素养的具体体现之一。结合高中学生的生活、学习实际设计问题，在利用信息技术解决问题的过程中，掌握信息技术解决问题的思想和方法；在运用信息技术解决问题的过程中，充分发挥学生的想象力和创造力，通过实践去强化学生的"问题意识"。

在教学第三个环节中，结合已学习的知识，自主学习、探究，完成弹出式菜单设计的任务：用 Popup Menu 方法编写事件，注意定义鼠标右键时执行 Popup Menu 方法，显示已定义的菜单。

一方面，这个任务是出于学生发展的需要而设计的，问题是源于日常活动或者与日常生活相贴近的。这要结合学生的学习特征，反映信息技术应用发展的动态，激发学生对新技术的追求。

另一方面，信息问题的解决不是问题的消解，而是运用信息技术，通过比较、概括等方法进行信息扩展、增殖的过程；信息问题的解决不

是信息的简单再生产，而是新信息、新问题的生产与社会信息重组的统一。当有的学生基本完成这个任务时，教师引导他们解决另一个问题：如何通过菜单调用 Windows 应用程序？从而学会发现新问题，学会让信息扩展与增殖。

## 三、强调信息技术在生活中的应用是"问题意识"的升华

处处是创造之地，天天是创造之时，人人是创造之人。学生主动地使用学到的知识去解决生活中的问题，正是学生信息素养切切实实提高的过程，也是学生"问题意识"升华的过程。

在教学的最后环节中，教师布置让学生设计一个班级管理的应用程序，让学生充分利用已学到的信息技术来完成。学生创新的激情被引发，就有了向更高目标挑战的欲望。

（本文写于 2005 年）

第四编

课堂论

# 高中信息技术生态课堂实施策略

## ——以《利用图表呈现分析结果和形成报告》为例

高中信息技术生态课堂应以生为本，遵循学生的认知规律，创设自然和谐的教学情境，尊重差异、保护个性，在教学过程中鼓励自主与合作，唤醒学习与探究的欲望，激发课堂的生命力，使信息技术课堂呈现勃勃生机。下面以遂溪县第三中学卜老师所授的《利用图表呈现分析结果和形成报告》一课为例，谈谈我对信息技术生态课堂实施的一些体会。

### 一、教学情境的创设应和谐自然

建构主义学习理论认为：学习与一定的"情境"相联系。因为在"情境"的媒介作用下，生动直观的形象能有效地激发学生的联想，唤起学生原有认知结构中有关的知识、经验及表象，从而使学生利用有关知识与经验去"同化"或"顺应"学习到的新知识。因此，信息技术生态课堂的教学情境应讲究和谐自然、水到渠成。

在讲授《利用图表呈现分析结果和形成报告》一课时，班级里弥漫着热烈的运动会氛围，卜老师设计了"为你最喜爱的校运会项目投票"的教学情境，引导学生通过教学网站投票，产生学习任务中的数据，学生为能给校运会"添一把火"而高兴，又直观理解了数据来源于现实生活。然而当教师提出一连串问题时，学生还是愣了一会儿才回答出来。教师适时指出：当大量的数据呈现在面前时，我们不容易看出所需要的信息，从而点出课题。这样依环境而生的情境，与学生的生活密切相关，显得自然亲切，能够很好地激发学生探究的兴趣，这是生态课堂的良好开端。

## 二、学习任务的设计应尊重差异、发展个性

生态课堂应以学生的发展为本，精心设计并组织好课堂教学，使每个学生都能获得发展，实现课堂教学与学生发展的真正统一。这就要求教师在课堂教学中面向全体学生，创造让所有学生都能在自身基础上有所发展的生态课堂，满足学生的个性化学习，促进学生全面发展。

根据学校高一学生信息技术的实际学情，教师将学习任务分为3个层次：基础任务、进阶任务和高级任务。基础任务是所有学生都能够完成的基本技能；进阶任务则有一定的难度，需要独立思考、大胆探索才能完成；高级任务则要求学生能够全面利用所学知识进行创新思考、认真探索才能完成。

在《利用图表呈现分析结果和形成报告》一课中，基础任务是：所有数据是学校运动会项目的投票结果，请用该数据建立一个Excel文件，将数据图表化，制作一份分析报告。进阶任务是：所有数据是学校运动会项目的投票结果，请用该数据表建立一个Excel文件，用公式计算出各个项目的合计数，美化工作表，将数据图表化，制作一份分析报告。高级任务是：请根据所给的文字提取信息，建立Excel表格，分析近5年来中国体育事业的发展情况，采用适当的图表呈现自己对数据的分析结果，附加适当的分析文字，制作一份分析报告。这样通过分层设计教学任务，使基础薄弱的学生能够学会，使中等层次的学生能够学好，使能力突出的学生能够拓展思维。

## 三、教学内容应按需整合，注重体验

从课堂生态学的角度来看，教学环境与人要"共生"，教师与学生、教师与教材、学生与教材之间要"互生"。在生态式教育视野中，教材不只是"材料"，教材本身也应该成为"对话者"。因此，在信息技术生态课堂教学中，应该对教材按需整合，教学内容的安排应注重学生的体验。

《利用图表呈现分析结果和形成报告》课文本身完整，但并不符合当地学校的实际情况，不利于当地学生的学习体验。卜老师对教材进行取舍，将"文明班集体评优活动"改成"最喜爱的学校运动会项目调查"，数据由学生投票产生，强化了学生对生态课堂的愉快体验。

## 四、教学过程应鼓励自主与合作

信息技术生态课堂的教学过程应充分体现自主与合作，先学后教，以学定教，鼓励合作探究，将自主学习与合作探究融入信息技术课堂教学的日常。

在《利用图表呈现分析结果和形成报告》的教学过程中，没有用"教师先演示讲解，学生依葫芦画瓢"的传统讲授方式，而是通过自主探究和小组合作体验表格信息的加工与表达过程，即分析需求—建立表格—分析数据—形成报告。教师先利用投票产生的数据，引导学生借助教学网站自主探索，分析需求，体验从创建表格到形成图表的过程。根据学生的学习情况，确定讲解的方式和内容，让学生在教师引领和自主探究之下，突破教学重点。在学习了建立图表的一般性知识之后，教师要求学生两人为一组，以小组协作的形式，完成综合任务，使学生在合作中巩固内化知识，突破重点，解决难点。

## 五、教学评价应呈现多元化，注重个性发展

教学评价对反馈学生表现、促进学生学习起着重要的作用，是课堂教学的重要环节。良好的评价方式，能充分肯定学生的进步，明确指出学生在发展过程中的闪光点，让学生明确自己努力的方向。

遂溪县第三中学信息技术生态课堂，其评价方式多元化，有自评、他评、教师评等。自评是学生对自己作品的自我评价，包括自己的思路、采用的技术、不足之处等，具有反思的意义。他评是学生以诤友的方式对他人的作品进行评价。作为诤友，评价作品时必须用友善的方式给出中肯的建议。教师评是全面评价，注重个性化的语言激励评价。

《利用图表呈现分析结果和形成报告》一课中，学生展示了几份作品，教师引导学生了解作品的评价标准，鼓励学生通过评价系统对"有看法"的作品进行评价，并提出评价注意事项，如语言必须文明友善、多说亮点，如可以说"你的图表颜色搭配很醒目""你的分析十分有见地"等。对于不足之处，宜用友好的语言提出建议，如"这个报告如果能让文字和图表对齐就更好啦"等。已经完成了学习任务的同学当堂就可以浏览评价作品，来不及的可以在下节课上课之前进行评价。评价系统其实是一个交流平台。学生之间的评价，有利于同学之间的交流互动，互相学习，共同提高，学生乐于参与这个环节，大大促进了学习的积极性。教师评价则是利用课余时间进行，将特别有个性的优秀作品设为"优秀作业"，加深学生对课堂的愉悦感受。

（本文写于2014年）

# 用学生的智慧点燃信息技术课堂创新的火花

## ——以《初识VR》为例

信息技术的发展日新月异，高中信息技术课程的教材却多年未变，围绕教材开展的教学基本维持不变。在这种情况下，如何利用现有的资源，用一种新的方式来诠释信息技术课堂教学呢？我们以《初识VR》一课为例，探索用学生的智慧来点燃信息技术课堂创新的火花。

## 一、学会放手：让学生挖掘信息技术的趣味

2019年遂溪第三中学机房重建。由于教学环境的限制，信息技术课堂教学创新首先面临的问题是：教什么？什么样的教学内容才是我们需要且符合我们的实际情况的？

我觉得教学内容的选择可以从以下3个方面来衡量：

第一，符合课程标准。新一轮课程改革将我国基础教育的总目标落实到"学生发展核心素养"，具体到各个学科，细化为学科核心素养。高中信息技术的学科核心素养包括"信息意识""计算思维""数字化学习与创新""信息社会责任"。具备信息意识，学生能够根据解决问题的需要，自觉、主动地寻求恰当方式获取信息与处理信息；具备计算思维，学生在信息活动中能够采用计算机可以处理的方式界定问题和解决问题；具备数字化学习与创新能力，学生能够适应数字化学习环境，掌

握相关的数字化工具和方法，并运用其进行自主学习、协同工作、知识分享与创新创造；具备信息社会责任，学生具有信息安全意识，能够遵守信息法律法规，信守信息社会的道德与伦理准则。

第二，激发学生兴趣。兴趣是最好的老师。信息技术教学由于其学科的特殊性，几乎依赖于硬件环境与教学设施，若要让学生保持积极的态度去上好失去硬件支撑的信息技术课，首先要提高和维持学生的学习兴趣。

第三，适合时代发展潮流。基础教育课程改革的重要特点之一，就是既要强调基础性又要强调时代性。作为信息时代的教育，高中信息技术课程，显然有责任更有能力承担提升学生信息素养，推进素质教育进程，培养信息时代合格公民的任务。高中信息课程，应结合高中生的身心特点，综合反映信息技术应用发展和适度的前沿动态，以激发学生对新技术的追求和对未来生活的向往。

确定了教学内容，教师就可以想方设法激发学生去挖掘信息技术领域的趣味，帮助他们从信息的搜集开始，一步一步主动去发现信息技术的魅力。如在高一（18）班，教师将全班分为10个小组，每个小组选择1个主题，围绕主题搜集素材，设计教学流程，选派代表授课。一开始，学生迷茫，不知道从何开始。教师给出提示，鼓励他们从了解科技资讯入手，从信息技术相关的人物、文化、最新技术、信息安全等方面进行深度挖掘，找一个主题进行扩展，形成教学素材。如"白杨组"对VR、AR等技术做深度了解，搜索了很多资料，包括十几个视频、多篇文章和数量不少的图片，内容丰富，形成了最初的教学资源。

## 二、以问作引：指导学生筛选资源并设计教学流程

以学生展示为主的课堂，教学流程的设计必须以学生的视角为主视角，教师不能直接帮他们决定，而应用提问题的方式来指导学生安排教学资源、设计教学过程。

如指导"白杨组"时，教师抛出了第一个问题：想讲什么？同学们一开始想全部都讲，后来发现时间不够，也讲不清楚。经过讨论，决定主题为"初识VR"。教师接着问第二个问题：用什么讲？小组交流后，他们决定制作VR眼镜，辅以视频展示。第三个问题涉及教学流程的关键：怎么讲？又是一番头脑风暴之后，"白杨组"决定用一小段时间让同学们体验VR眼镜，再解释技术名词，通过视频展示VR在各个领域的应用，最后是对VR应用的想象扩展，以及与AR的联系和区别。

## 三、共同研磨：把握课堂重点，突破教学难点

一节好课，光是有趣还远远不够，应该是重点突出、突破难点。如《初识VR》这节课，重点是什么？VR体验？技术原理？应用领域？组长对VR有了解，他认为重点应该为VR在各个领域的应用，而VR的技术原理对高中生而言有点难度，可以作为难点突破。经过讨论，大家认为，在讲解重点的时候，应该先让各小组的同学以自己的认知和想象来描述VR的应用，再通过视频展示来强化效果。而VR的技术原理，比较抽象，可以通过举例来讲解。为了增加课堂的趣味性，组长还建议，用AR小游戏作为课堂的拓展。

## 四、讲台试炼：锻造学生能力，奠定学生信心基石

讲台是一个试炼台，能够极大地锻炼人的表达能力、应变能力和协调能力。更重要的是，我们的信息技术课堂教学，展现的是学生的集体智慧，看到自己搜集的视频素材引起大家的惊叹，看到自己设计的精美课件得到大家的认可，看到自己团队集体设计的课程顺利地进行，从而产生快乐，这是学生学习兴趣的来源。获取信息和加工信息锻造了学生的能力，最终展现的成果，可以增强学生的信心。

《初识VR》一课，"白杨组"上台，主讲人小陈平时爱独来独往，

他一上台，下面起哄，一番开场白之后，教室里安静下来。VR眼镜准备就绪，视频资源和课件安排妥当。VR眼镜体验开始，第一位同学上台，第二位……同学们几乎忘记了这是课堂，放松的气氛感染了主讲人。接下来的各个环节，尤其是对VR技术的讲解和VR应用的展示，小陈得心应手。最后的AR小游戏将课堂推向高潮，在同学们的惊叹声中，下课铃响了。雷鸣般的掌声，献给初次上台的主讲人，献给付出努力的"白杨组"。这节课之后，小陈成了同学们心目中的"高手"，其他小组的成员下定决心并且表示有信心超越"白杨组"。

## 五、课堂回炉：让学生的智慧形成校本课程资源

经过实践，我们深深体会到教学相长的乐趣。从同学们的教学资源里，教师真正认识了阿兰·图灵以及他的图灵机和图灵测试，深度了解VR应用，见识了无人机操作，知道了好莱坞大片拍摄的非凡技术，也以同学们的视角重新认识了我国神奇的PS技术，感受到同学们眼中的网络文化……经过归纳，教师将同学们的智慧整理成册，分为"IT人物篇""IT文化篇""IT技术篇""信息责任篇"，成为校本资源。

（本文写于2019年）

# 培养学生计算思维，提升解决问题能力
## ——以《用循环结构解决"谁在撒谎"问题》为例

计算思维不是数学计算能力，也不是使用计算机的能力，它是运用计算机科学领域的思想方法，在形成问题解决方案的过程中产生的一系列思维活动。下面，我通过《用循环结构解决"谁在撒谎"问题》这一教学实例，来阐述如何培养学生的计算思维，提升解决问题的能力。

## 一、明确问题是解决问题的前提

问题是什么？问题是源于现实与目标之间的差距。这里讲的"问题"，不是求解知识答案的问题，而是用计算思维解决生活中的实际问题。明确问题，是用计算思维解决问题的第一步。

以《用循环结构解决"谁在撒谎"问题》为例，先要明确现实问题：在教师问甲、乙、丙、丁4位同学时，其中只有一位同学撒谎。

甲说："我没说谎。"

乙说："丙说谎。"

丙说："说谎的肯定是丁。"

丁说："丙冤枉我。"

再明确解决问题的目标：找出谁在撒谎。即清晰地界定4位同学中，有哪3位同学说真话，哪1位同学说假话。应根据4位同学的回答来互相印证、互相推理，用循环结构使这个过程化繁为简。

在教学的过程中，教师引导学生分析、界定问题，有意识地培养学生用计算思维思考问题：设计自动化执行方案，用循环结构测试出撒谎者。

## 二、抽象特征与建立数学模型是解决问题的基础

抽象特征就是从实际问题中提取可操作的对象，并将提取的对象转化为能用计算机执行的符号与数字。从具体情境中抽象出来的符号和数字，能够代表某一类问题中的共同性、普遍性。

数学模型是由现实世界原型中抽象符号、数字，转化成它们之间的数量关系和变化规律，能表达抽象特征之间各变量关系的数学结构。构建数学模型是解决实际问题的一个重要环节，它能真实、精确、系统地反映现实世界的数学关系结构，具有代表性。

在《用循环结构解决"谁在撒谎"问题》一课中，将甲、乙、丙、丁4位同学符号化，编号为a、b、c、d，变量$i$存放的是撒谎者编号，逻辑运算表达式中True返回值为数字1，False返回值为数字0。4位同学所说的话用关系表达式则写成：

a说"我没撒谎"　　　　　　　$i \neq a$

b说"c撒谎"　　　　　　　　$i = c$

c说"撒谎的肯定是d"　　　　$i = d$

d说"c冤枉我"　　　　　　　$i \neq d$

在以$i$为变量的枚举撒谎者问题时，当这4个逻辑关系表达式的值相加等于3时，即表示"4位同学中有3位同学没撒谎，1位同学撒谎"。

所以构建的数学模型为：

$$(i \neq a) + (i = c) + (i = d) + (i \neq d) = 3$$

这样采用抽象特征的符号化和数字化的计算思维建立的数学模型，就将现实的问题转成数学模型。利用这个数学模型去解决现实中的撒谎实际问题时，会在后面用自动方案解决问题的过程中，使问题简单、方便、快捷、精确、高效，能够激发学生的探究欲，有助于计算思维的形成。

## 三、算法描述和程序自动化是解决问题的核心

算法是指在有限步骤内求解某一问题所使用的一组定义明确的规则。算法描述就是对设计出的算法用一种方式详细描述。算法描述常使用自然语言、伪代码和程序流程图描述，而且描述的结果必须满足算法的特征。

《用循环结构解决"谁在撒谎"问题》算法思路是：定义一个数组，存放着4位同学的信息，然后以i为变量枚举撒谎者问题，分别在4种情况下判断是否4位同学中正好有3位同学说真话，即3位同学说真话，说明满足3个条件、不能满足1个条件，逻辑值的和为3，则说明该情况下的循环变量值是撒谎者。这个问题采用自然语言描述算法：

第一步：定义一个数组，存放4位同学信息。
第二步：依次将4位同学的信息赋值给循环控制变量i。
第三步：判断条件。
第四步：输出结果。

算法描述只是解决问题的一种思想，它不能被计算机直接执行。程

序是计算机指令的有序集合，是实现算法的具体体现。所以要将"谁在撒谎"这个问题的算法描述转化为计算机能够识别的语言，即选用程序语言、编写程序。根据高中信息技术教材内容和课标要求，老师选用Python语言，把用自然语言描述的算法转化为能被计算机自动执行的程序。这样我们就可以把抽象的数学模型和繁琐运算步骤交给计算机自动执行，使问题的解决高效，推理和证明精确。

在分析算法和编写程序的过程中，老师引导学生把两者的对应关系清楚地描述出来，将学生能够理解的自然语言和计算机能够理解的编程语言一一对应，使学生在实践的过程中理解计算机解决问题的思想方法，计算思维得到提升。

## 四、问题的推广与迁移

问题的推广与迁移，就是在应用计算思维解决问题的过程中，教师要善于启发学生比较待解问题和已有知识系统的相通性和相似性，通过共通性使学生触类旁通，把这种解题思维推广与迁移到其他问题的解决，这样能快速、灵活、高效地提高解决问题的能力。

在"谁在撒谎"这个问题的解决过程中，我们先通过明确问题"谁在撒谎"为出发点；再抽象特征与建模，将问题一层层地传递转化为数学模型；最后运用有效的算法和程序自动化执行方案，把繁杂的问题解决了。我们运用这一系列的计算思维解决问题，不断进行总结，迁移到类似的其他问题的解决中，这样不仅能提升学生解决现实生活问题的能力，还能有效提升学生解决数字化发展所带来的问题，不断地推动数字化科技革命的创新与发展。

（本文写于 2021 年）

# WebQuest 在高中信息技术课堂的应用

WebQuest（网络探究学习法）是在网络环境下，由教师引导，以一定任务驱动学生进行自主探究学习。WebQuest 一般被设计成网页（Web）形式的六大模块，包括情境模块、任务模块、资源模块、过程模块、评价模块、总结模块。WebQuest 充分体现了建构主义的教育理念。

经过实践，我认为 WebQuest 在高中信息技术课中应用时应做到"四要二不宜"。

## 一、要精选主题

一个好的主题，是一个 WebQuest 成功的关键。WebQuest 不是单纯的上机活动，它必须有活动介绍和任务安排，如果主题选得不好，那么任务对于学生来说就成了一个"不可能的任务"，浪费大量时间和精力，不能达到教学目的。

怎样才算是好的主题呢？可以从 3 个方面判断：是否符合课程标准；是否充分利用 Internet 和 Web 资源；选用 WebQuest 所取得的效果是否比选用传统的教学方式更好。

事实上，并不是所有的教学内容都适用 WebQuest。如：信息技术选修模块中《算法与程序设计》第二章第三节的内容"程序的选择结构"。

选择结构是程序设计中三大基本结构之一，其条理性、逻辑性要求较高，采用传统的教学模式，学生显然更容易接受新知、掌握要点。

## 二、情景的设置要接近学生的生活

建构主义理论强调创设情景。把情景的创设作为意义建构的必要前提，是教学设计的重要内容之一。因此，情景的设置必须源于生活，以学生所处的社会环境为基点，让生活融入课堂。

教学《梦幻电脑DIY》，创设的情景是："你正在清点你的'小金库'。平时节省下来的零用钱加上你存折上的压岁钱，合计有5000元。你打算用这笔钱去添置那台你梦寐以求的电脑。购买时间的选择是合理的。你的确需要这台机器，因为学校正运用电脑与网络开展学习（老师也'挑剔'得很，他们不再收原来的作业本了，作业都要通过电子邮件递交）；另外你搜集的游戏也太多了，原来的旧机器根本跑不动。再说旧电脑中的东西都是朋友机器升级时换下来的二手货，没有什么保留的价值。"这样的情景创设，贴近经济发达地区的学生生活，但远离经济较落后地区的学生生活。有些学生读高中时电脑知识为零基础，别说上网配置电脑什么的，就连最基础的键盘和鼠标操作都不会，这样的教学情境显然是不合适的。因此，我们一定要根据学生的知识水平、生活环境来创设情景，才能达到事半功倍的效果。

## 三、任务宜小不宜大

WebQuest的学习模式分为短期探究学习和长期探究学习。短期探究学习指的是1~3课时的学习，其主要目标是知识的获取和整合。长期探究学习在一周到一个月之间，目标是提炼和扩展知识。

我国现行课程的教学大纲要求：信息技术课分为六大模块，每个模块的所需课时为36个课时。

我国当前暂不把信息技术课列入高考范畴，学生、家长甚至其他学科的教师不重视这门学科。

学校开设信息技术课的情况：有的学校每星期开设2节信息技术课，1个学期通常会有20周，则1个学期就可以完成1个模块的教学任务；有的学校每星期开设1节信息技术课。1个学期通常会有20周，则需要2个学期才可以完成1个模块的教学任务。不难看出，如果我们采用长期探究学习的模式，先不说我们能否完成教学任务，光是看到这么长的时间周期，就可以想象会是什么样的结果。学生和家长，甚至我们的老师和学校领导，愿意学生花这么长的时间投入吗？

所以，使用WebQuest教学模式，要符合校情。每个主题所耗时间以1到2个课时为好，根据主题制定的任务宜小不宜大，最好能让学生在课堂上完成。

## 四、资源不要过多，够用即可

WebQuest是基于网络的，网上的资料丰富。我们提供的资源通常是作为问题探究的"抛锚点"，并且预设于万维网中。不少人误以为只要提供的学习资源越多，学生从中搜获的有用资料就越多，事实上恰恰相反，高中生判断、筛选信息的能力还是较弱的，面对繁多的资源，很容易迷失方向，忽略了探究学习的主要目标。

此外，合适的资源不会自动送到我们的面前，需要我们主动出击，自己搜寻。因此，教师要不断发展自己的信息搜索和筛检能力，确保提供的资源是网络中的精华。这样，学生才能提高学习效率，在更短的时间里达到学习目标。

提供给学生的资源，可分两类：一类是必需的知识资源，也就是说，这些资源是解决任务时会用到的；另一类是工具资源，包括一些工具软件，是为一些层次较高的学生准备的。这样，不同层次的学生各取所需，都有所得。

## 五、过程的展开形式要灵活多样

WebQuest学习模式，在活动开展的过程中，形式要灵活多样。

如：对于正处于"既有兴趣，又感到困惑，正在发现问题"这一阶段中的学生，我们可以通过提问、讨论的方式帮助他聚焦兴趣，建构知识；对于没有经历过真正研究性学习的学生，第一步可以是围绕他的兴趣和困惑，开展接受学习，进行必要的背景知识铺垫；对于需要建构一些以前没有学过的东西的学生，我们可以用模板、写作提示向导、多媒体元素和组件作为支架，使学生自主完成任务。

多数WebQuest探究活动应该以小组形式组织，但不排除个人独自探究学习的方式。探究活动可以采取"角色扮演"的方式组织，以激发学生的兴趣，或者模拟特定的工作场景，等等。

## 六、评价、总结要精炼

根据任务的差异，可以评价书面作业、学生作品、创作的网页或其他内容，通常采用测评表来考查学生作品的不同方面（包括过程、结果、态度、情感等）。评价人员可以是教师，也可以是家长和同学。其中，重要的是学生对学习过程的自我评价。总结部分可鼓励学生对过程的反思，概括和拓展所学知识，引发新的思考。无论是评价还是总结，都不宜过长。过多的评价令人觉得烦琐，过长的总结令人觉得乏味。以短、少、精为妙。

（本文写于2011年）

第五编

微项目论

# 基于真实情境的微项目课堂教学实践策略

    项目教学法就是在教师的指导下，将一个相对独立的项目交由学生自己处理，信息的搜集、方案的设计、项目实施及最终评价，都由学生负责。学生通过项目的实施，了解并把握整个过程及每一个环节中的基本要求。

    信息技术是一门实践强、应用广的学科，其本质特征决定了信息技术课程既要精选促进学生终身发展必备的基础知识与基本技能，又要反映学科自身的探究方法，引导学生在真实情境的实践探索中学习技术技能，理解学科方法，达到利用技术工具和学科方法解决问题的目标，不断提高学生的学科核心素养。教师通过项目教学法开展教学，能够突出学生的实践活动，避免知识的机械接受，重构教学组织方式，加强学生实践创新能力的培养。

## 一、课堂教学中实施项目教学面临的困境及突破思路

    信息技术学科的特点与项目教学模式高度契合，然而在现实的项目教学当中遇到了以下困难：每周只有1节，2次教学时间间隔太大，学生对项目已经遗忘很多；在大单元项目教学实践当中，每个项目需要4至8个课时，有的班级1个学期也难以完成1个项目，很难达到预期的教学效果；大单元项目持续时间长、评价难，对学生的基础要求较高，

学生在长时间内享受不到成功的喜悦，不利于树立学习的信心。

基于所遇到的困难，我们从2017年开始开展基于真实情境的微项目教学研究。我们将各节课的学习重点以微项目方式贯穿于整个课堂，"科""技"并举，使学生每节课都能够完成一个基于真实情境的微项目，从而理解信息技术学科思维下的信息社会，并逐步学会迁移应用，形成学科核心素养。

## 二、微项目课堂教学的内涵

微项目是指根据新课程标准，把抽象的知识情境化、项目化，紧密结合核心知识点设计基于真实情境的小项目。微项目能使学习活动在一课时内完成，以促进学生知识的建构，提高学生解决问题的能力。微项目学习是"基于项目的学习"模式的延伸，既保留了"基于项目的学习"的原有优势，又克服了"基于项目的学习"中时间长、跨度大、评价难、实施难等问题，将学科知识分散为多个小项目进行，以训练学生在有限的时间内有效管理主题的能力。它具有使用灵活、易解决、用时短、见效快的特点。

## 三、基于真实情境的微项目设计原则

微项目课堂教学以微项目实践为主线贯穿整个课堂，充分体现以教师为主导、以学生为主体的教学理念。教师在实施的过程中，注重微项目的设计与实践，在设计微项目时，有意识地将学生看作数字时代的学习者和合作者，在做好内容分析和学情分析的基础上引导学生并与学生一同进入真实的问题情境中，经历"分析问题—将问题分解、抽象、自动化—解决问题"的求解过程。在课堂教学实践中紧紧围绕学科核心素养，凸显"学主教从、以学定教、先学后教"原则，教师将自己的教与学生的学紧密结合起来。

微项目是课堂教学的依托，微项目的设计决定了课堂的效果。在微项目设计中，应遵循以下原则：

一是真实性原则。新课改要求课堂回归生活实际，课程内容应围绕着学生生活和学习中常见的应用来组织。因此，微项目的设计应围绕信息社会场景，真实地反映现实生活，尊重生活实际，使学生能够在真实情境中学习信息技术、理解信息社会。

二是适度性原则。根据"最近发展区"理论，教师设计的问题情境要与学生现有知识体系相联系，在此基础上学生经过努力可以达到学习目标。因此，微项目的设计应从学生的认知结构出发，在学生的认知能力基础上进行，难易程度要适中。教师在设计微项目时，所涉及的新知识宜控制在3个以内，鼓励能力较强的学生进行项目拓展。

三是整体性原则。学生的课堂学习效果与整节课的安排紧密相关。微项目虽"微"，但作为一个项目，应体现出完整性。因此，与项目式学习相似，微项目学习一般也包括情境导入、分析问题、设计方案、具体实现、展示交流、内化拓展等环节，并结合具体的内容实施教学。

## 四、基于真实情境的微项目课堂教学实施过程

基于真实情境的微项目课堂教学实施，教师要思考自己的教和学生的学。教师的教要围绕学科核心素养，以学定教，把真实情境整合在微项目中，充分发挥教师的主导作用，引导学生在开展微项目学习过程中学会分析问题，并有意识地进行拓展。学生的学要以提升学科核心素养为目标，体现出"自主、探索、应用"的特点，在微项目实践中内化知识，拓展能力，发展核心素养。

信息技术微项目课堂教学实施主要经历三大过程：

第一，精心分析，梳理知识清单。课前，教师精心分析学习内容，列出前置知识清单和当前课堂需要消化的知识点，做成知识清单资源放到学习网站上，让学生在课前5分钟进行自主学习。前置知识清单资源

能让学生复习旧知、链接新知，新知识点使学生在学习过程中学有目标，心中有数。

第二，潜心研究，巧妙设计微项目。项目选题决定了学生的学习目标是否能够达成；选题主题要考虑是否能够引发学生兴趣，体现多维学科课程标准。例如，在程序设计的学习中，教师设计了基于顺序结构的"电子秤模拟系统"、基于选择结构的"自动售卖机"和"系统登录验证程序"、基于循环结构的"排号机"和"简单收银系统"等，从真实的社会信息系统出发，所选微项目主题的基本工作原理与所学知识点紧密联系，且具有较大的可拓展性，能够很好地激发学生的学习积极性，促进学习目标的实现和课程目标的达成。程序设计中的选择结构有单选择、双选择和多选择结构。在信息社会生活里，有很多基于选择结构的信息系统，自动售卖机是学生最熟悉的一种。学生知道自动售卖机的工作过程，但并不了解它是如何实现的，正处于"知其然，不知其所以然"的状态，确定这一微项目，有利于激发学生的兴趣。

第三，课堂探索与实践。大致包括以下内容：微项目的情境导入；分析问题并设计算法；编写调试程序；内化拓展；展示交流；项目总结，深化拓展。

（本文写于 2022 年，发表于《中小学信息技术教育》2023 年第 8 期，有删改）

# 信息技术微项目教学常用模式

微项目教学是在"基于项目的学习"基础上进行的教学方式的创新，是项目教学的灵活实践。与项目教学相比，微项目教学具有项目小、自由度大、实施时间短等特点，适合我们信息技术基础薄弱、学时不足的现状。

在采用微项目教学法进行教学时，根据中小学信息技术课程的不同课型的特点，会有特定的教学模式，归纳如下：

## 一、原理探究模式

信息技术原理是指在信息技术实践中，为实现应用目的，根据已有的科学原理和技术经验，通过创造性思维和技术试验所获得的关于途径、手段、方式和方法的理论规范。

在信息技术教学中，原理探究模式就是教师要带领学生挖掘出学科知识和技能背后隐藏着的原理，包括技术思想、设计和实现等。

在原理探究模式下的信息技术微项目教学中，教师通常会通过"情境体验—原理探秘—原理应用—拓展延伸"等过程引导学生探究复杂的理论知识，培养学生获得知识的能力，了解信息技术领域的核心原理和基本规律。

对于明晰核心概念、掌握基本原理、理解技术思想类的教学，适合采用项目教学原理探究模式开展教学。如高中信息技术必修一《数据与计算》中的第一章，必修二《信息系统与社会》中的大部分内容，具有明显的原理探究课型特征，可以考虑采用原理探究模式，以便完成相关核心概念、基础原理和基本方法的学习。

## 二、算法探索模式

在计算机领域，算法是指在有限步骤内求解某一问题所使用的一组明确的规则。通俗地说，算法就是用计算机求解某一问题的方法，是能被机械地执行的动作或指令的有穷集合。

算法探索模式通过引导学生以微项目为支架进行基础知识学习与技能实践，让学生主动参与解决问题的全过程，从而理解用计算机科学领域的思想方法解决问题的思路，逐步培养学生的逻辑思维、计算思维与解决实际问题的能力。

在算法探索模式下的信息技术课堂微项目教学中，教师通常会通过"聚焦问题—探索算法—描述算法—实现算法—反思迁移"等过程，引导帮助学生。算法探索模式，能够培养学生逻辑思维能力、分析和解决问题的能力，为他们未来的发展打下坚实的基础。

算法探索模式适用于算法设计教学。如高中信息技术必修一《数据与计算》里的第三章"算法基础"，义务教育信息科技第三学段（5—6年级）"身边的算法"，都可以采用算法探索模式。

## 三、设计开发模式

设计开发是指在产品、系统的创建过程中，从问题的需求出发，通过分析、设计、开发和实施等一系列的步骤，将初始概念转化为实际可用的成品的过程。

开发设计模式旨在培养学生的创新思维和实践应用能力，以实现产品或系统的开发为课堂总目标，引导学生在学习和实践中亲历产品设计开发的全过程，从而掌握信息技术实践技能、产品开发和设计方法与技巧，能够培养学生自主学习和解决问题的能力，培养创新意识，锻炼逻辑思维。

在设计开发模式下的信息技术课堂微项目教学中，教师通常会提供实际问题或场景，引导学生根据需求进行分析和设计，并根据需求设计开发相应的产品或系统。在学习中，学生经历"问题情境—需求分析—设计方案—开发实现—展示交流—优化设计—拓展延伸"等过程，在实践中理解与掌握学科基础知识技能和解决问题的思维方法，还可以通过合作和交流来分享和讨论各自的设计思路和解决方案，促进彼此的学习和成长。

设计开发模式适用于程序设计、硬件设计、三维设计教学。如高中信息技术必修一《数据与计算》里的第四章"程序设计基础"、选修五《三维设计与创意》、选修六《开源硬件项目设计》等，都可以采用设计开发模式。这种以微项目为导向的学习方式，有助于学生将理论知识应用到实际项目的设计开发中，提升他们的综合能力和职业发展潜力。

## 四、系统模拟模式

系统模拟是指通过使用计算机程序或工具，对信息社会系统的行为、性能和运行情况进行仿真和模拟的过程。

系统模拟模式旨在通过模拟真实的信息社会系统工作过程，帮助学生理解和应用信息技术的相关概念、原理和技能。

在系统模拟模式下的信息技术课堂微项目教学中，教师会展现一个信息社会系统应用的真实情境，让学生对系统的行为和功能有直观的了解，以微项目教学的方式引导学生经历"分析问题—设计方案—编写程序—调试运行—展示交流—内化拓展"的全过程，使学生在实践的过程中掌握知识技能，理解信息技术学科思维下的信息社会，逐步学会迁移应用，形成学科核心素养。

系统模拟模式适用于程序设计、过程与控制方面的教学。如高中信息技术必修一《数据与计算》里的第四章"程序设计基础"、选修四《人工智能初步》、义务教育信息科技的"过程与控制"模块等，都可以采用系统模拟模式，这不仅能够激发学生的学习积极性，还充分体现了学习的真实性。

## 五、实践应用模式

实践应用是指将理论知识、技能和方法应用于实际问题、场景或情境的过程。它是将所学的知识和技能转化为实际行动和应用的过程，通过实践来验证和丰富知识、解决实际问题。

实践应用模式旨在通过创设真实的应用场景，引导学生将所学的知识和技能应用到实际问题中，培养学生的实践操作能力和解决实际问题的能力。

在实践应用模式下的信息技术课堂微项目教学中，教师首先创设一个真实的应用情境，引导学生经历"自主学习掌握技能—合作探究解决难点—分享展示巩固知识—梳理知识拓展提升"等过程，使学生能够通过自主学习、合作探究和老师的帮助，将所学的知识和技能应用到实际问题中，加深对知识的理解和掌握。在合作探究中培养团队合作意识，在分享交流中提升交流沟通能力，全面提升学生的实践能力、解决问题能力和创新学习的能力，为他们将来面对实际问题提供了重要的基础。

## 六、拓宽视野模式

拓宽视野是指超越狭窄的观点、经验和认知，开阔自己对事物的看法和理解，以全面、综合和深入的方式来认识世界和问题。它是一种主动寻求新知识、新经验和新观点的态度和行为。

拓宽视野模式旨在帮助学生了解和拓展信息技术的发展领域、应用范围和相关的前沿技术，扩大学生的知识和视野，激发他们对信息技术的兴趣和创新思维。

在拓宽视野模式下的信息技术课堂项目教学中，教师通过"情境导入—前沿技术探索—体验应用—分享成果—原理分析—展望未来—信息社会责任渗透"等过程，引导学生探索了解信息技术领域的新技术，启发学生思考信息技术的创新应用。

拓宽视野模式能够激发学生的创新思维和跨学科应用能力，培养他们对新技术的敏感性和未来趋势的把握。它帮助学生认识到信息技术是快速发展和变化的，鼓励他们保持学习的热情并不断追求新知识和技能。

（本文写于2023年）

# 基于微项目的信息技术原理探究模式探索

从育人价值看，原理教学是学生体悟科学精神、培育科技伦理的途径。信息技术是现代科学技术领域的重要部分，原理教学是课程教学不可避免的重要内容。信息技术课程旨在培养科学精神和科技伦理，应从信息技术实践应用出发，注重帮助学生理解基本概念和基本原理，引导学生认识信息技术对人类社会的贡献与挑战，提升学生的知识迁移能力和学科思维水平。

## 一、原理教学存在的问题

信息技术课程由"计算机课程"发展而来，课程的培养目标和学习内容发生了极大的变化。今天，信息技术课程倡导科学原理和实践应用并重。但在现实的原理教学中，我们还存在一些问题：

1.只讲原理没有实践

一些教师在原理教学中过于注重信息技术的理论知识，而忽视了实践应用的重要性。信息技术原理复杂、抽象，专业性强，大部分的学生没有很好的信息技术基础，理解这些技术原理相对困难，教师将大量时间用于讲解信息技术的概念和原理，但缺乏具体的实践应用，学生长时间接收这些理论，不仅没能很好地掌握所学知识，更有可能失去学习的兴趣。有一些教师为了让学生专心听讲，更是把学习场所由电脑室转移到教室，也尽可能地动用了各种平台、多媒体展示效果，但学生没有主动探究的过程，失去了学习的兴趣，在应用信息技术时缺乏实际操作经验，无法将所学知识转化为实际能力。

2.只讲实践不讲原理

我们的信息技术课堂教学，经历过很长一段时间的主要目标是学软件操作。教师通过演示讲授某个软件的具体操作，教会学生完成指定内容，就完成了教学任务。在这个阶段，教师希望通过反复地操作练习，培养出熟练的"电脑操作员"。随着信息技术学科的发展和教师的个人成长，课堂教学变得丰富了、课程变得厚重了。除了动手操作，还需要观察思考、表达互动、类比迁移等。今天，课程发展成为"信息科技"，课程目标也提升到"培养学生的科学精神和科技伦理"的高度，学科原理教学的重要性不容忽视。但在一些教师的课堂中，不管教学设计得多么好，教学依然缺乏系统性，从很多课堂中，看不见原理教学的重要性。这些老师在处理理论性教学的时候，通常是匆匆掠过，或者干脆跳过。长此以往，学生可能会陷入"知其然而不知其所以然"的情况，无法深入理解信息技术的本质和内涵。

3.原理与实践没有融合

信息技术课程发展到今天，一线的教师们的教学也在不断地发展，原理教学的重要性从教材的设计中也凸显出来。但教材只能作为教学参考的主线，教师不能直接搬教材、"教教材"。怎么"用教材教"，是相当考验教师的专业能力和学科素养的。如高中粤教版教材，每一章以一项目范例开篇，建议采用项目教学法开展教学，在项目学习当中将原理与实践融合，并展示分享最终项目成果，从而实现学习目标。但这种单元大项目很考验学生的学科基础和综合能力，所需要的课时量大，在经济欠发达地区的课堂现场很难照着实施。事实上，在一些教学中，原理教学和实践活动往往被划分为两个孤立的部分，缺乏有效融合。

## 二、基于微项目的信息技术原理探究模式实施策略

原理学习的基本逻辑大致为：学习基本原理—深化对原理的认识与理解—用科学原理指导实践应用。用微项目教学法探究信息技术原理，一般从体验实践入手，慢慢去猜想和意会其中的原理，在此基础上，通过自主学习和合作探究，一步步认识原理、理解原理、实践原理。

采用微项目进行原理探究的一般路径为"情境体验—原理探秘—原理应用—拓展迁移"。在进行原理学习过程中，教师可充分利用信息技术学科得天独厚的优势，结合现实空间和虚拟空间，让学生充分进行体验、实践、展示、交流，直观呈现原理、全面分析原理、深入理解原理，从而降低原理学习的难度，提升原理教学的有效性。

原理探秘是原理学习过程的核心，是实现课堂教学目标的保证，以下详细说说原理探秘过程中的3种策略。

### 1.以经验引申引导学生思考原理

信息技术原理比较抽象，对于中小学生而言属于高深知识，教师在设计教学时，要充分考虑学情，通过活动体验或情境的创设将原理学习与学生的生活经验关联起来，继而引导学生转向深入思考来理解原理，同时避免陷入狭隘而高深的专业细节。许多生活经验都可成为信息技术原理教学的情境，将生活经验搬到课堂教学之中，能够激活学生原有的认知经验，减少他们对原理的疏离感，激发学习兴趣。当然，原理学习的重点在于从直接的生活经验引申到严谨的科学原理。

"队"是一种典型的数据结构，特点是先进先出。学生在生活中经常遇到排队，通过经验引申，学生能轻松地理解"队"的概念和特点。根据课堂学习目标，教师还可以设置各种教学活动，进一步激发学生对"队"这一技术原理的应用，探讨用技术实现最小等待时间，从而科学合理地安排规划时间。

当然，生活经验比较感性，而科学原理属于理性总结。经验不能等

同于原理，但可以成为引导原理学习的线索。通过生活经验引申，有利于学生引导从生活原理中理解科学原理。

2. 以仿真体验引导学生从实践中理解原理

信息技术原理具有科学性、专业性、严谨性的特点，隐藏在实践应用的内部，是隐性的，用文字表述出来，往往显得既艰涩又难懂。因此，原理教学应从实践应用出发，通过实践应用，帮助学生理解核心概念和基本原理。

在学习"声音编码"时，学生对声音编码的"采样、量化、编码"过程，很快就可以记住，但这只是浮于表面的记忆，对声音编码的过程原理并不理解。为了解决原理学习表面化的问题，教师设计了一个探究声音编码过程的微项目，让学生通过数字化工具，模拟声音编码的全过程，先通过录音采集声音样本，然后用网络画板对声音样本进行采样和量化，再用程序员计算器将量化后的声音样本值转化成二进制编码，对应成数字信号。这样，学生经历了原理探究的全过程，深切体验到原理在自己手中一步步转换的过程。这时，教师再利用数字化手段直观解析、动态演示，引导学生归纳总结，揭开原理神秘的面纱，巩固深化学生对原理的理解。

3. 以类比模拟活动将感性体验上升到对技术原理的理解

在信息技术学科原理教学这一类内容的常态教学中，大多数教师拘泥于教材中关于原理的介绍与说明，教学只是对说明的再说明。更有甚者，紧扣学业水平考试中的考点不放，在教学中强行灌输，这更是减弱了学生学习的兴趣和内驱力。因此，采用微项目教学法探究学科原理时，应针对教学的核心目标，对教材进行必要的再开发，设计合适的微项目，通过系列类比模拟活动获得感性体验，从感性体验着手去认识、理解技术原理。

在《网络通信的工作原理》一课中，"在协议约定下的分层合作"是网络通信的基本原理，也是建构 OSI 参考模型、建立 TCP/IP 协议体系的基本方法，很显然，它是一条贯穿全课内容的主线。顺着这条线索，教师通过模拟快递过程，初步体验网络通信的基本结构与特点。引导学生思考和研讨：由于角色行为规定，快递的过程是怎么样的？在只有用户自己知道快递目标的情况下，各个角色是怎样配合，实现正确传递的？这些问题"映射"出网络通信的基本工作原理，启迪了学生。学生发现，网络通信的基本流程也是借鉴于生活中的协作与标准，用模拟快递工作过程类比模拟网络通信模型，帮助学生将感性体验上升到理性认识，在轻松愉快的氛围中理解了技术原理，教师再通过一个动画来完整地演示整个工作流程，有效地促成学生由体验转向深入思考。

## 三、微项目教学之原理探究模式实施的注意事项

采用微项目教学进行原理探究课堂教学时，需要注意以下几个方面：

1.设计适合学情的微项目

基于微项目的原理探究模式突出学生学习的主动性，重在"探究"。因此，教师需要考虑学生的年龄、学习水平和兴趣爱好等因素，设计合适的微项目。项目的内容应与现实信息社会情境相连接，能够激发学生的学习兴趣和动力。

2.注意将学生的感性体验和对技术原理的理解进行"联结"

信息技术原理抽象、专业，需要通过情境体验活动得到感性体验，然后在后续的原理探究过程中逐步上升为一种认识，进而真正理解某种技术原理。因此，在基于微项目的原理探究模式下，情境体验活动的核心就是基本技术原理，而非别的知识技能；这种活动的主要作用在于让学生获得体验，而非别的实践操作；这种活动的根本目的是促成学生将感性体验与对技术原理的理解发生"联结"，在思考中提升认识。所以，采用微项目教学进行原理探究时，设计的微项目应包含合适的情境体验活动，而体验活动应该能有效地促成学生由感性体验转向深入思考。

### 3.教师应适时提供引导和支持

新课程理念下，教师要转变角色。教师从"知识的传授者"转变成对学生学习过程的组织者、引导者，是与学生一起学习的"学习共同体"。教师在课堂教学中要充分尊重学生的主体地位，不要将原理探究的过程变成精彩的"独角戏"式讲授，只需课前做好资源建设，课中提供适当指导，引导学生进行自主学习和实践探究，并在需要时提供必要的支持和帮助。

### 4.注重学生的自主学习和创新能力培养

原理探究模式重在培养学生的自主学习和创新能力。因此，基于微项目的原理探究模式开展课堂教学，教师应该鼓励学生积极思考，有意识地培养学生独立思考、合作解决问题的能力。教师进行微项目设计时，可以适时提供问题和挑战，激发学生的创新思维和思考方式。

（本文写于2023年）

# 微项目教学在信息技术学科原理探究模式中的实践应用

在这个以人工智能为主要特点的信息时代，仅仅掌握技术的使用是不够的。只有了解技术背后的原理和基本方法，才能真正掌握信息技术的精髓。通过深入探究学科原理，我们能够更好地理解技术的本质，培养学生的创新思维和问题解决能力，也有助于学生在面对快速变化的科技领域时保持适应性和灵活性。

因此，我们希望在信息技术学科教学中，能够从信息技术实践应用出发，帮助学生理解基本概念和基本原理，引导学生认识信息技术及其对人类社会的贡献与挑战，提升学生知识迁移能力和学科思维水平，体现"科""技"并重。

## 一、微项目教学原理探究模式的概念

信息技术原理是指在信息技术实践中，为实现应用目的，根据已有的科学原理和技术经验，通过创造性思维和技术试验所获得的关于途径、手段、方式和方法的理论规范。从学科教学的角度，信息技术原理一般简化为信息技术背后的技术思想、设计和实现。

原理探究则是探究事物背后的这些基本规律和机理。在信息技术教学中，原理探究模式就是教师要带领学生挖掘出学科知识和技能背后隐藏着的原理，包括技术思想、设计和实现等。

信息技术微项目教学原理探究模式旨在引导学生通过探究和发现，深入了解信息技术领域的核心原理和基本规律，从而提高学生思辨能力和自主学习能力。这种模式让学生成为学习的主体，教师则是指导者，引导学生自主探究和解决问题，培养学生的科学精神和自主可控意识，帮助学生开阔视野，提高分析问题、解决问题的能力和技术领域的创造力。

在原理探究模式下的信息技术微项目教学中，教师通常会通过"情境体验—原理探秘—原理应用—拓展延伸"等过程引导学生探究复杂的理论知识，培养学生获得知识的能力，了解信息技术领域的核心原理和基本规律。教师会为学生提供一些问题或案例，要求学生使用已知的知识来分析问题并提供解决方案。这进一步激发学生思考问题、自主解决问题的能力和积极性。

## 二、微项目教学原理探究模式的特点

信息技术原理探究模式强调学生的主体地位，注重理论知识的深入掌握和实践应用的体验学习，培养学生创新精神和探究能力，提高学生理性思考和解决问题的能力。

第一，强调探究精神。

在微项目教学原理探究模式中，学生是主体，教师充当指导者的角色，引导学生探究，深入理解与掌握信息技术领域的核心原理和基本规律。采用微项目教学法进行学科原理内容的学习时，教师不会告知原理是什么、为什么、怎么用，而是围绕原理设计成一个微项目，让学生感知体验，知道"是什么"，激发学生的探索欲望，引导学生亲自建构知识，深究"为什么"，在学生形成认知时适时推进一步，让学生想知道"怎么用"，整个学习过程充满探究的乐趣。

原理探究模式注重学生的探究过程，强调探究精神，让学生在探究中建构知识，理解学科技术原理，培养科学精神和自主可控意识，为实现信息技术课程学习目标奠定基础。

第二，注重理论知识的掌握。

信息技术微项目教学原理探究，归根到底，重点是信息技术学科基本原理、核心概念和基本方法。学生通过学习和理解这些信息技术学科理论知识，建立起对信息技术领域的整体认知和思维框架。

信息技术微项目教学原理探究模式注重信息技术领域理论知识的掌握和深入了解，有利于加强对信息技术学科领域的系统认识，培养学生理性思考和分析问题的能力，激发学生的创新意识与创造力。

第三，重视情境体验。

在信息技术微项目教学原理探究模式下，教师通常会让学生亲身体验信息技术在实际应用中的应用，以便学生更好地理解与掌握信息技术的工作原理和应用方法。情境体验在信息技术原理探究中的重要性体现在以下几个方面：其一，通过情境体验，学生可以更加直观地感受到信息技术的应用和影响，激发他们的学习兴趣和热情；其二，通过情境体验，学生能够将所学的信息技术原理应用到具体的情境中，了解实际应用中可能出现的问题和挑战；其三，通过亲身体验，学生能够体会到信息技术的工作原理和运行过程，更加直观地理解理论知识的实际应用。

信息技术微项目教学原理探究模式重视情境体验，在设计项目时应充分考虑学习的真实性，创设真实情境，让学生亲身参与和体验信息技术原理的应用，使学生能够在情境中探索、发现和运用信息技术原理，提升他们对信息技术原理的理解，培养自主可控意识。

## 三、微项目教学原理探究模式的适用范围

基于课程标准要求，结合信息技术微项目教学原理探究模式的概念和特点，可以明确原理探究模式适用于理论性教学。对于明晰核心概念、掌握基本原理、理解技术思想类的教学，适合采用项目教学原理探

究模式开展。

以高中信息技术粤教版教材为例，必修一第一章《数据与信息》、第二章数字化学习与创新中的《知识与智慧》、第五章《数据处理和可视化表达》、第六章《人工智能及其应用》，必修二第二章《信息系统的组成与功能》中的《计算机的工作原理》《移动终端的工作原理》，第三章《信息系统的网络组建》中的《物联网中的传感与控制机制》《计算机网络》，第四章《信息系统的软件与应用》中的《信息系统的工作过程》，等等，具有明显的原理探究课型特征，可以考虑采用原理探究模式，完成相关核心概念、基础原理和基本方法的学习。

## 四、微项目教学原理探究模式的实施步骤

微项目教学原理探究模式重视技术原理的认知建构，通过引导学生学习理解信息技术领域的基本概念原理，使他们能够进行知识迁移，从而实现知识之间的积累和同化，最后总结归纳、拓展延伸。

### 1.情境体验

情境体验是指针对某一学习内容，通过一定的情境设计，引导创造出场景，把学习主题与学生的生活实际结合起来，用直观的形式让学生自己感受、吸收、领悟理念和知识。

在信息技术教学中，学生通常不喜欢学习理论知识，觉得概念原理既艰涩又难懂，没有情境体验，难以激发学生主动学习的活力。设置合适的学习情境，以情境体验的方式启动新知识的探索，可以让学生避开简单枯燥的强行理解记忆，让学生能够在感知、体验、实践中理解信息技术的原理和本质。

原理探究模式下，情境的创设应遵循一定的原则：

第一，真实性原则。所创设的情境应该能够真实地模拟实际应用场景或问题，让学生感受到真实的需求和挑战。它应该与学生的日常生活和实际应用有关，让学生能够将所学知识运用到实际中。

第二，目标导向原则。情境应该有明确的目标，确保学生在情境中能够达到预期的效果。所创设的情境应该和学习目标相结合，能够触发学生的学习驱动力，能够引发学生的思考，能够让学生在接下来的学习当中和现实社会产生连接，使学生明白原理学习在实际生活中所起的作用。

第三，可变性原则。情境的设计应该具备一定的可变性和灵活性，以适应不同层次的学生和不同的教学需求。这意味着教师应在情境中加入一些可以根据学生的能力水平和教学需求进行调整的元素。这些元素可以是情境问题的复杂度、情境任务的难易程度、情境资源的选择等。

在学习《数据编码之图像编码》一课时，为了帮助学生深入理解图像编码的原理和技术，我们设计了情境体验案例：以近期社会热点为主题，引导学生主动搜索相关图片，并通过图像不断放大的方式来探索图像的细节和编码过程。通过逐步放大图像，学生将会观察到图像出现方格块的现象，并在小组内相互比较所下载图片的质量和大小，并做好记录。在课堂上通过直观的情境体验，直接激发学生的好奇心，为后续学习和探究提供了起点。教师可根据学生的兴趣和学习需求灵活更换或增添情境细节，使探究活动富有挑战性，以便更好促进学生的学习。

2.原理探秘

原理探秘是微项目教学原理探究模式的核心，其目的是让学生通过实践与探索，巩固和应用理论知识，培养实践能力和创新思维。

原理探秘要经历自主学习、合作探究、展示交流等过程。

信息技术原理的学习，主要包括核心概念、基本原理和思想方法等。在原理探究模式下，教师的角色不再是单纯的讲解者和演示者，而是成为学习的引导者、组织者、观察者和辅助者。教师可以根据学情和学习内容，制作相应的学习资源，并将其集成到学习平台上。教师只需展示并说明学习的总体目标和要求，让学生根据自身基础决定微项目的层次，利用学习资源和工具开展自主学习。

合作探究是在教师的指导下，学生组成学习小组，积极主动对问题进行研究，在研究的过程中理解和运用知识，获得创新能力、发展思维、构建知识体系的一种学习方式。在微项目教学原理探究模式下，学生是学习的主体，教师在整个探究过程中主要是把控全局，起到引导、组织和指导作用。合作探究学习能够解决自主学习时存在的能力不足、时间有限、视野不够广等问题，帮助学生学会合作与交流，有利于培养合作意识，培养学生主动参与、合作解决问题的意识，在合作探究学习中彼此学习，加深对信息技术原理的理解。

展示交流能帮助学生回顾学习过程和内容，巩固所学知识，是培养学生表达能力、沟通能力和展示能力的重要方式。在微项目教学原理探究模式下，学生可以通过展示自己的学习成果、解决问题的思路和方法，向他人展示他们所掌握的基本原理和知识技能。通过展示交流，学生能够更好地理清思路、表达观点，并从他人的反馈和评价中加深对信息技术学科原理的理解。在展示交流的过程中，教师以评估者和指导者的身份提供指导和反馈，帮助学生梳理展示思路，提升表达能力和展示技巧。同时，教师还可以构建网络化的学习平台，让每个学生都有机会在虚拟学习环境中展示自己的成果，每个学生也可以评价他人的学习成果。通过展示交流，学生能够提升自信心，培养良好的沟通能力，并从他人的反馈中不断改进和进步。

在教学《数据编码之图像编码》一课时，将需要学习的理论知识融入微项目实践当中，在原理探秘环节，安排实践内容如下：用Photoshop软件打开图像文件素材2.bmp，尝试采用二进制进行编码；用Photoshop软件打开图像文件素材3.bmp，改变图像的大小、量化位数后存储文件，观察并比较文件大小的变化；将图像文件素材3.bmp存储为Jpeg格式，比较前后格式的文件大小。猜想不同编码对图像质量和大小的影响。理解图像分辨率、量化位数与文件大小的关系，和图像编码格式对图像质量及大小的影响。

3.原理应用

原理应用指的是将理论知识应用于实际场景和问题解决的过程。通过原理应用，学生能够将抽象的概念转化为具体的操作和实践，从而更好地理解与掌握信息技术的原理。

原理应用能够帮助学生将所学的理论知识与实际应用相结合，使学习生动有趣。通过实际实践应用，学生能够亲身体验到信息技术原理在现实世界中的应用场景，加深对知识的理解和记忆。同时，原理应用能够培养学生的问题解决能力和创新思维。在解决实际问题的过程中，学生需要结合所学的原理知识，运用逻辑思维和创新思维，找出合适的方法和方案。这种锻炼能够培养学生的分析和解决问题的能力，为将来的工作和研究打下坚实的基础。

在《数据编码之图像编码》的原理应用阶段，教师引导学生解决问题：有一幅24位的位图图像，像素值为1024×800，其位图数据文件的大小是多少？某网站上传图像的文件大小限制在200 KB以内，你可以通过什么方式将图像的大小减少？让学生通过原理应用，计算出数据文件的大小，通过查看该图像文件的大小验证计算结果，引导学生通过分析影响图像质量和大小的因素，提出降低图像文件存储容量的方法，加深学生对图像编码原理的理解。

4.拓展延伸

在课堂教学的最后阶段，教师通常会对所学的原理拓展延伸。例如，学生在利用位图进行图像编码的学习当中，初步理解图像数据编码的基本原理和方法，但现实世界里，我们所遇到的图像编码往往是考虑到网络传输的方便性，通常会采用经过压缩后的图像格式，有些压缩是有损的，有的则是无损的。它们各自的编码原理是怎样的呢？除图像以外，声音和视频也是常见的数据形式，它们又是如何编码的呢？这些问题，能够激发学生的好奇心，为进一步学习埋下伏笔。

（本文写于2023年）

# 微项目课堂教学案例及点评九例

## 一、《AI 绘画——探秘诗人的视角》

1. 教学案例

【授课班级】湛江市第十七中学七年级

【教学课时】1

【授课教师】黄光宇

【内容分析】本课是新课标"人工智能与智慧社会"模块中"身边的人工智能"单元设计的一节人工智能应用体验课。学生尝试理解古诗词中作者创作时的独特视角，通过使用 AI 绘图平台生成和选择符合自己想象画面的图片，在体验过程中理解人工智能实现的一般过程：感知环境—学习和决策—付诸行动。

【学情分析】

一般特征：学生对人工智能充满好奇，通过 AI 绘画来呈现自己想象的画面，能让他们解读作品时获得成就感，提升学习人工智能的兴趣。

初始能力：学生学习过很多古诗词，能想象出诗词的画面和意境，对古诗词有着自己的理解。基本能将自己的想象的内容通过文字描述出来，对各类软件的使用也有了一定的经验。

【教学目标】

信息意识：学生能理解 AI 绘画进行绘画的简单原理，理解人工智能实现的一般过程。

计算思维：学生通过对 AI 绘画平台不断地使用和尝试，得出如何让 AI 绘制的画面更符合常规认知方法。

数字化学习与创新：利用 AI 绘画平台开展学习和创作，根据诗词意境选择不同的风格画面，开展个性创作。

信息社会责任：培养学生良好的自主学习和合作学习的习惯，在探究过程中体会诗词的美，增强学习新技术的动力。

【教学重点】使用 AI 绘图平台生成符合古诗词要求的图像。

【教学难点】理解人工智能实现的一般过程：感知—学习和决策—付诸行动。

【教学策略】本课主线是 AI 绘画平台的体验，同时简单介绍 AI 绘图原理。结合学生对古诗词的感受，将知识点以"探秘诗人的视角"为主题，教学过程分为情境引入、了解 AI 平台、原理分析、创作技巧、合作探究和展示评价等几个环节。让学生在实践中去发现问题，去寻找解决问题的方法。在此过程中，学生自主体验，合作交流，教师力求引导学生主动探索，理解人工智能实现的一般过程，培养学生的创新意识。

【教学环境】

硬件准备：计算机网络教室。

软件准备：Office 软件、浏览器、Vega AI 创作平台。

【教学过程】

第一，情境导入。

教师活动：展示古诗插画和播放视频《插画师是如何画画的》，总结插画师的绘画过程：需求分析、灵感、初稿、成品。

学生活动：观看图片及视频，了解插画师。

设计意图：以学生熟知的古诗词及插画引出话题，引导学生了解插画师职业特点和工作方式。

第二，了解 AI 平台。

教师活动：教师以插画师的身份进行创作，登录 Vega AI 创作平台，以古诗句"竹外桃花三两枝，春江水暖鸭先知"生成插画进行展示。

学生活动：观看教师操作，了解 Vega AI 创作平台。

设计意图：展示 AI 绘画的强大功能，引发学生的兴趣，为下一步讲解 AI 绘画原理做铺垫。

第三，AI 绘图原理分析。

教师活动：从插画师的工作过程，引出 AI 绘画的工作步骤，进行推理展示和播放视频，讲解实现 AI 绘画的"模型"由来及其运作方式。

学生活动：根据教师的引导，观看视频，尝试理解模型的原理和工作方式，思考人工智能实现的过程。

设计意图：对比插画师和 AI 绘画的工作过程，总结出人工智能实现的一般过程：感知、学习和决策、付诸行动。

第四，AI 创作技巧分析。

教师活动：讲解 Vega AI 创作平台进行绘图的操作步骤。引导学生理解让 AI 绘图符合预期的画面要求的方法。

学生活动：记录创作平台的操作步骤，掌握 AI 绘画技巧。

设计意图：让学生掌握 AI 绘画平台的操作及使用技巧。

第五，合作探究。

教师活动：提供诗词素材，并展示小组任务：小组合作，选择一首诗或词，探讨作者创作时看到景物的视角；使用 AI 创作平台，生成并选择一张满意的图片下载到桌面；将图片插入演示文稿中作为配图展示。

学生活动：小组讨论，得出图像的视角，并完成 AI 绘画创作，将图片插入演示文稿中展示。

设计意图：小组任务，促进学生的合作、沟通、交流和表达能力，加深学生的操作能力和对 AI 绘画原理的思考。

第六，展示和评价。

▲
▲
▲

教师活动：给出展示的表述模板，引导学生展示和评价。

学生活动：小组展示和评价。

第七，小结和思考。

教师活动：小结本节课的内容，展示思考问题：以机器为载体实现的人工智能与人类智能有什么不同？

学生活动：思考并回答问题。

第八，教学反思。（略）

2.教学点评

第一，"真实性"情境创设有效激趣。

情境性、实践性、综合性是信息科技学科的特点。新课标倡导真实性学习，要求教师创新教学方式，以"真实性"问题或项目驱动，引导学生经历原理运用过程、计算思维过程和数字化工具应用过程，建构知识，提升问题解决能力。本课是一节人工智能应用体验课，授课教师以学生熟知的古诗词及插画创设情境，站在插画师的视角，引导学生了解插画师职业特点和工作方式，切身感受插画师的思维活动过程，激发了学生参与课程学习的兴趣与内驱力。同时，引入AI创作这一数字平台资源，学生以分组的形式自选诗歌，站在作者创作时的角度，换位感受作者创作时所见所感，通过使用AI绘图平台生成和选择符合自己想象画面的图片，在体验过程中理解人工智能实现的一般过程，体现了学生"做中学""用中学""创中学"。这节课的情境创设有效激趣，使得学生的学习及认知变得具体化、形象化、生动化、思维化。

第二，"科""技"并重。

新课标强调课程的科学属性，但并不弱化课程的技术属性，主张科学原理和实践应用并重，即"科"与"技"并重。本节课中，面对七年级的学生，授课教师不止步于引导学生体验AI绘画，而是通过微视频观看、提问，有意识地引导学生尝试理解模型的原理和工作方式，思考人工智能实现的过程。在最后，教师通过思考问题"以机器为载体实现的人工智能与人类智能有什么不同？"将思考延续到课后。在这节课中，教师改变了以往信息课程"工具论"的固化思想,避免在教学过程中仅围绕具体软件工具的使用进行讲解学习,而是进一步地关注到其蕴含的科学原理、问题解决的思维方法和处理过程,注重培养学生的科学精神。

## 二、《三维创意设计——制作个性笔筒》

1.教学案例

【授课班级】湛江市第十七中学七年级

【教学课时】1

【授课教师】陈宝华

【内容分析】本课选自我校星火创客校本教材《三维创意设计》中的第二课,是第一课《初识 3D One》学习的继续,也是下节课《青花瓷瓶巧设计》的基础。

【学情分析】开学之初,恰好是我们创客社团新一届招生的时候。为了吸引特长生参加我们的社团,在开学前几周,我在班内开展了《三维创意设计》教学,同学们对 3D 建模表现出浓厚的兴趣,具有较强的学习兴趣和探索精神。但学生的计算机操作能力参差不齐,这需要小组合作,教师引导来完成笔筒的制作。

【教学目标】学会在 3D One 中创建圆柱形三维实体。掌握实体抽壳、移动组合命令的操作。培养学生的立体空间思维能力和创新意识,增强学习建模的乐趣和信心。

【核心素养目标】教师通过创设多个任务,使用 3D One 层层递进制作个性笔筒,不断提升学生的信息意识;引导学生学习观察,掌握制作个性笔筒的方法,初步形成计算思维;通过简单模仿、微课视频自主学习、小组协同学习,基本掌握三维建模的基本技能,不断提升数字化学习和创新能力;主动渗透热爱生活,通过快乐"造物"改善生活的信息社会责任。

【教学重点】熟练掌握实体抽壳、移动组合命令的操作。

【教学难点】使用3D One完成个性笔筒模型。

【教学策略】本节课以设计个性化笔筒为主线，从圆柱体入手，创设3个层层递进的任务。学生在掌握基本技能后，以小组合作制作和完善作品，对作品进行赏析和评价，不断完成自身的知识建构，从而达到做中学、学中乐的目标。

【教学环境与资源】多媒体网络教室，3D打印的笔筒实体、微课视频、调查问卷、教学课件。

【教学过程】

第一，创设情境，导入新课。

教师活动：展示图片，引导学生通过快乐"造物"改善生活，从而引出利用3D One制作笔筒，养成整理归纳的好习惯。

学生活动：观察、分析、领会。

设计意图：引导学生热爱生活、主动观察生活、积极改善生活。

第二，任务驱动，培养兴趣。

教师活动：引导学生观察，思考笔筒的形状；教师以圆柱形的笔筒为例，演示如何利用"基本实体"制作笔筒的外形。

学生活动：学生思考，回答，上机操作，完成学习任务一。

设计意图：引导学生从简单任务入手，提升学习信心，激发学习兴趣。

第三，任务进阶，突破重难点。

教师活动：引导学生完成实体"抽壳"和实体移动组合功能；提供教学微课，组织学生分别完成任务二和任务三操作。

学生活动：上机练习，完成指定任务，遇到困难可以观看微课视频和请教组内同学。

设计意图：循序渐进制作3D模型，养成小组内互帮互促的好习惯。

第四，小试牛刀，协作探讨。

教师活动：明确学生任务：自主完善笔筒设计任务；小组合作讨论

完善笔筒的设计，每个小组推选最优秀的作品参加评选。

学生活动：自主完成作品，组内互相观摩和点评，不断完善作品并推选最满意的作品提交评选。

设计意图：给学生自主探究的平台，让学生投入实践活动中并享受"造物"的快乐，体验成功的喜悦。

第五，成果展示与评价。

教师活动：引导学生用问卷星平台对作品进行投票和点评。

学生活动：打开投票链接进行投票，欣赏并评价作品。

设计意图：培养观察、鉴赏能力，在欣赏与评价他人的作品时不断修正自身的知识结构，增进同学之间感情。

第六，知识梳理，巩固新知。

教师活动：组织总结本节的知识内容。

学生活动：回顾与收获。

设计意图：巩固本课知识，学会用三维建模分析和解决生活问题。

第七，拓展延伸。

教师活动：引导学生加入 3D One 青少年三维创意社区进行后续学习。

学生活动：登录 www.i3done.com 网站，课后自学。

【教学反思】

亮点：

第一，本节课我注重设计思维的引导，让学生观察，模仿，探究，到最后的创造。一连串的任务设计，将知识、技能融入任务，让学生在做中学、玩中学。

第二，从学生生活中的笔筒实物入手，贴近学生生活，引出学生需求：自己设计一个笔筒，初步培养学生学会用三维建模分析和解决生活问题。

不足之处：

第一，七年级的学生大部分是零基础，所以本节课以个体为主、以小组合作学习为辅，对学生自学能力、小组协作学习能力的培养有待

▲
▲
▲

加强。

第二，学生学习效果检测不全面，如作品展示、互评环节，时间不足，对教学设计落实情况还有待提高。

2.教学点评

随着教育理念和科学技术的不断发展，信息科技课程的教学方法和教学内容在不断革新。本课属于科创类课程，教师将创客教育思维融入信息科技课程，是对信息科技学科教学的延伸补充、信息科技课程与其他课程的融合。

本节课以"设计制作个性化笔筒"这个微项目为主线，层层推进，环环相扣。引导学生在掌握基本技能后，以小组合作制作和完善作品，对作品进行赏析和评价，不断完成自身的知识建构。学生在浓烈又轻松的学习氛围中，在发现问题和解决问题的过程中，逐步提高了创新动手实践能力，从而达到做中学、学中乐的目标。

与传统项目式教学不同，"设计个性化笔筒"微项目具有"微"的特点，保留了项目教学法的学习优势，将抽象的知识情境化、项目化，克服了时间长、周期长、跟进评价难的问题，尤其是面对每周只有一节的信息课。

课堂之初，教师关注七年级学生学情特点，捕捉其感兴趣的元素，创设真实性学习情境，引导学生主动观察生活，唤醒学生的学习动力，通过快乐"造物"改善生活，从而引出利用3D One制作笔筒，让其以积极的心态投入课程学习。

微项目学习过程中，教师与学生的角色被重新定义，教师作为引导者、促进者，学生成为学习的主体。为落实学生本位的理念，本节课教师有意识地提前搭好了学习支架，通过精心准备的微课资源，为学生的学习探究提供帮助，学生可以自主开展知识建构。

评价总结是微项目学习的重要环节，在"成果展示与评价"阶段，教师组织学生对各小组的笔筒项目进行汇报总结，展示学习成果，交流学习经验。同学之间也可以学会"取他人之长，补自身之短"，培养观察、鉴赏能力，在欣赏与评价他人的作品时不断修正自身的知识结构，增进同学之间感情。

项目汇报结束并不意味着学习的结束，教师通过"拓展延伸"环节，引导学生加入 3D One 青少年三维创意社区进行后续学习，激发学生后续学习的动力，提升自身的信息技术素养，助力后续学习。

## 三、《图层及其应用》

### 1.教学案例

【授课班级】湛江市寸金培才学校八年级

【教学课时】1

【授课教师】苏木棉

【内容分析】本课是广东省教育出版社《信息技术》八年级上册第1单元图像处理第3课。图层是本单元重要的知识点，是学好图像处理的关键。

【学情分析】学生在前面的课中，已经学习了《图像及图像处理软件》，学生已经对图像及图像处理软件有了初步认识，已经掌握了文字工具的使用。这时候学习图层，既强化前面所学知识，又为后面的学习打下基础。

【教学目标】学习使用图层的知识，能根据自己的想法进行创作。

【核心素养目标】

信息意识：能有意识地结合学习和生活实际，进行学科融合，尝试用技术手段实现自己的想法。

数字化学习与创新：合理利用教学网站上的资源，学习使用图层的知识，能根据自己想法进行创作。

信息社会责任：体验创作的成就感，认识到要用技术来做健康向上的事情。

【教学重点】认识图层的功能，掌握图层编辑的基本操作。

【教学难点】图层编辑的基本操作。

【教学策略】本课主要采用任务驱动的方法来开展教学。以古诗《江南》导入，要求学生用 Photoshop 描绘古诗里的荷塘美景。为了培养学生的自主学习能力，设计自主看书学习并完成过关测试的环节，学生需全做对才能进入下一环节的学习。为了防止极少数学生因实在没办法完全做对题目而进入不了下一个环节，教师在观察到大多数学生自主过关后而手动开放下一环节内容，保证课堂能向前推进。在学生探究过程中，教师根据实际情况给学生及时点拨。在课堂的结束环节，一起分享学生作品，对有存在问题的作品进行纠正，分享创作的乐趣。

【教学环境】多媒体网络教室。

【教学过程】

第一，课堂导入。

教师活动：播放古诗《江南》，要求学生专心听古诗，在脑海里想象古诗描绘的画面。请两名学生分享自己想象到的画面。表扬学生的优秀表现，引出我们这堂课：用 PS 来把我们想象到的画面简单重现出来。

学生活动：认真听古诗，进行想象。分享活动。

设计意图：引起学生兴趣，发挥学生的想象力。

第二，自主学习。

教师活动：要求学生看书，然后完成教学网站上的过关测试题。

学生活动：学生自主看书，不断地挑战过关测试题。

设计意图：培养学生自主学习和阅读的习惯，通过设计过关测试题增强课堂的趣味性和挑战性，学生全部做对题目而进入下一关的学习。

第三，任务探究。

教师活动：要求学生探究完成以下4个任务：请将"蜻蜓"找出来，再复制出两个蜻蜓，将其移动到合适的位置；请将"青蛙"找出来；请将"金鱼和肥鱼""小鸟和树枝"显示出来；给这幅水墨画起一个与意境相符合的标题（如"荷塘记忆"），设计变形文字和文字样式。及时点拨，巡堂逐个辅导。邀请学生展示操作技巧，对学生的错误及时纠正，并提出问题引发学生思考解决问题。补充一些知识点和操作。

学生活动：开展探究学习，上台学生操作演示，台下学生观看并学习。

设计意图：培养学生探究能力，给学生展示自我挑战自我的机会，培养了发现问题，解决问题的能力。

第四，作品分享点评。

教师活动：打开学生作品，跟学生们一起欣赏，简单点评作品，对优秀作品进行加分奖励。

学生活动：欣赏作品。

设计意图：体验创作的乐趣，学习他人优秀的思想创意。

第五，总结提升。

教师活动：利用PS图层一层一层的特点，让学生思考生活中还有哪些物品是一层一层的。播放歌曲《洋葱》，让学生观察洋葱，知道洋葱的特点，让学生们要像洋葱一样，做个表里如一的人，诚信待人，不能说一套做一套。

学生活动：学生集体回答，思考。

设计意图：联系生活，进行德育教育，拉近师生的距离。

【教学反思】

亮点：本课利用古诗词导入，进行学科融合，让学生感受到信息课堂也能拥有一点人文气息，勾起学生对本课内容学习的向往。自主学习环节设计了学生自主看书学习并进行闯关测试，具有挑战性，让课堂紧张刺激。本课体现学生主体、教师主导的教学理念：知识的学习主要由学生自主完成，教师作为课堂导师及时点拨。通过创作作品和分享作品，学生在本节课中能体会课堂的快乐。

不足之处：在点拨学生的时候，教师忘记对课堂上学生利用快捷键复制粘贴图层进行解释，没有进行常规操作演示。上课的语言、教态需改善。

2.教学点评

本节课中的"图层",以及其他多媒体模块教学中如音视频中的轨道等概念,均是多媒体处理中的核心内容,体现了信息科技课程中"分层治理"的思想。

在信息科技教学中,真实性情境的创设可以帮助学生更好地理解和掌握知识,同时有助于提高学生的实践能力和问题解决能力。本节课,授课教师以古诗《江南》导入,引起学生兴趣,发挥学生的想象力去感受诗意情境,在课堂伊始,就牢牢抓住学生的学习兴趣。

在自主探究环节中,教师通过设计过关测试题增强课堂的趣味性和挑战性,学生做对全部题目而进入下一关的学习,培养学生自主学习和阅读的习惯。教师通过引导学生解决一些实际问题,如如何利用图层完成抠图、特效制作等任务,让学生在实际操作中掌握图层的应用技巧,提高学生的问题解决能力。

通过作品点评分享,让学生了解同伴之间的学习成果,及时发现和纠正学生在学习过程中的问题,同时给予学生及时反馈和指导,使学生能够更好地掌握相关知识和技能,培养其批判性思维和问题解决能力,提升学生的创造力和审美能力。

评价环节,主要以教师点评为主,他评、学生互评相对欠缺。课程结束时以"洋葱皮"比喻图层,德育渗透牵强。

## 四、《模拟交通信号灯》

1.教学案例

【授课班级】六年级

【教学课时】1

【内容分析】本课是在学生基本熟悉源码编辑器的使用的基础上设置的一节课。主要通过分析交通信号灯的运行模式,使用代码模块在源码编辑器中实现模拟红绿灯的切换,能合理使用"重复执行"代码完成程序的设计。

【学情分析】

一般特征：学生刚接触图形化编程，对编程的学习产生了浓厚的兴趣。通过程序来实现自己的想法，能让他们完成编程作品时获得成就感。

初始能力：经过前两节课的学习，学生对图形化编程已经有一定的理解，能使用源码编辑器编写程序，控制角色运动。

【教学目标】学生能理解使用程序对音乐进行数字化播放和制作的运行原理。学生能分析交通信号灯的运行原理，通过图形化编程模拟其中的运行逻辑。利用源码编辑器，结合微视频开展学习，能搭配不同的素材开展个性创作。在创作交通信号灯的过程中，培养学生的交通安全意识。

【教学重点】理解交通信号灯的运行原理，通过图形化程序控制交通灯的运行。

【教学难点】"重复执行"模块的嵌套使用。

【教学方法】

自主学习法：学生通过自主观看学案和微课，完成知识点的学习和创造性的作品制作。

合作学习法：学生分组活动，在学习过程中共同探讨，合作制作个性化作品，鼓励掌握程度好的同学去帮助他人，形成良好的互动氛围。

【教学环境与资源】计算机网络教室，源码编辑器、Office 软件、视频播放器。

【教学过程】

第一，情境导入。

教师活动：播放视频（我国每年因交通事故导致死亡的人数有数万人，其中一部分事故是由于不遵守交通信号灯造成的）。通过提问引入本节课主题（通过编程实现交通信号的制作）。

学生活动：跟随教师感受情境，了解交通信号灯的重要作用。

设计意图：设置情境，让学生产生创作动力。

第二，知识梳理。

教师活动：通过视频、动画和图片展示，并引导学生分析交通信号灯的运行原理。了解红、黄、绿三种颜色的交通灯是怎么切换的。

学生活动：了解、分析交通信号灯的运行原理。

第三，合作探究1。

教师活动：分析交通灯的亮灭条件。其中红灯和绿灯之间的转换，会亮黄灯，每个灯都有一定的持续时间。

学生活动：小组合作，完成交通信号灯表格的填写，根据自身经验填写交通灯不同颜色的持续时间。

第四，自主创作。

教师活动：提供交通信号灯图片素材，发布任务（根据交通信号灯亮灭的情况，使用源码编辑器完成红绿灯基本的功能创作）。

138

学生活动：制作基本版红绿灯。

第五，合作探究2。

教师活动：引导学生发散思维，思考现行的红绿灯的优点和不足，尝试添加不同的功能，如绿灯快结束时进行闪烁提醒等。提醒学生可以使用"重复执行"模块的嵌套，实现多种亮灯形式。

学生活动：小组合作，讨论添加的功能，选择素材并完成制作。

第六，评价鉴赏、体验成功。

教师活动：引导学生展示和评价。

学生活动：小组展示和评价。

第七，本课小结。

教师活动：知识小结：交通灯的工作原理；重复执行及其嵌套。

学生活动：听讲、记录。

设计意图：归纳总结，重构新知。

2.教学点评

本课系新课标中《身边的算法》的相关内容。新课标指出：算法是计算思维的核心要素之一，使学生了解利用算法求解简单问题的基本方式，培养学生初步运用算法思维的习惯，并通过实践形成设计与分析简单算法的能力。本节课的探索是比较成功的，也是对微项目教学的践行探索。

第一，本课以交通事故视频导入，从生活中常见的交通信号灯切入，引导学生分析交通信号灯红、黄、绿三色的切换过程及背后的运行原理。借助学习与生活中的实例，以身边的算法为载体，真实性情境中的学习，让学生的学习更有兴趣和动力。

第二，六年级学生的认知发展处于从具象到抽象的过渡时期，授课教师很好地处理了具象内容与抽象内容的关系与平衡。在完成"基本版红绿灯"的设计后，教师有意识地引导学生发散思维，思考现行的红绿灯的优点和不足，尝试添加不同的功能，如绿灯快结束时进行闪烁提醒等。进而引出"嵌套"的概念，环环相扣，层次推进，引导学生通过实践形成设计与分析简单算法的能力，学生的思维也逐步深入。

第三，"模拟交通信号灯"这一微项目贯穿课堂始终，学生模拟真实项目的问题解决、团队协作、交流分享各个环节，在实践中掌握了相关的知识和技能，提升了思维。尤其是"评价鉴赏"环节，不只是一个简单展示，还是一个交流和讨论的平台。学生提问并解答了他们在项目过程中遇到的问题，同时鼓励了其他学生对分享的内容提出自己的见解和建议，让学生从中体验到学习的乐趣和成功的喜悦，从而激发了他们的学习热情和创新精神。

第四，信息社会责任是信息课程要培养的核心素养之一，本节课中授课教师有意识地将"遵守交通规则，提升安全意识"融入课堂，帮助学生更好地理解每个人在社会中的责任与义务，加强了社会责任教育和生命安全教育，引导学生树立正确的交通观，培养了他们的社会责任感。

## 五、《灌篮高手：Scratch动画编程教学设计》

**1.教学案例**

【内容分析】本课是在学生学习了广东教育出版社《小学信息技术》第三册上册第1课、第2课内容后的延伸学习，能够培养学生的信息素养，起承上启下的作用。现将本册第4课第4节的舞台坐标的内容和相关模块移到本节课教授，对本学期课本上没有的相关模块进行补充，设置"小组合作"教学活动。

【学情分析】六年级学生本学期已开始接触Scratch，已学习了新建角色和舞台背景，已学习角色的造型切换和多个角色的脚本编辑。学生对Scratch学习兴趣浓厚，不满足课本上的单个模块的学习，迫切想用Scratch创做出一些有趣的动画。

【教学目标】学生了解舞台坐标的基础知识，学会相关模块的使用。学生掌握各个模块使用的方法和技巧，灵活运用代码模块解决实际问题。学生体验创作的成功感，激发学生学习的兴趣，培养信息意识、计算思维、数字化学习与创新。

【教学重点】掌握各个代码模块的使用方法。

【教学难点】灵活运用代码模块解决实际问题。

【教学过程】

第一，激趣引入。

教师活动：播放NBA球星乔丹灌篮视频。播放用Scratch制作的《灌篮高手》视频。提问：如何用Scratch来制作这样的动画呢？引入本节课的主题。

学生活动：观看视频材料，思考如何完成这节课的项目。

设计意图：观看视频，激发学习兴趣，引出今天学习的主题：灌篮高手。

第二，任务驱动（基础）。

教师活动：任务驱动（基础），学习舞台坐标。向学生介绍舞台坐标的布置，示范相关模块的运用。布置任务，让学生完成任务的同时理解 X 轴和 Y 轴的正负分布。在学生完成任务后，让个别学生回答4组坐标分别在哪块区域，引出舞台坐标的4个象限。接着给出新任务，让学生结合之前所学知识完成。展示个别学生任务完成情况并引导学生相互点评。

学生活动：认真听讲，思考舞台坐标的分布。仔细看清任务要求，完成任务：拖拽移到模块；分别输入4组坐标并运行，观看每组坐标角色出现的位置；积极回答问题，听讲、思考。认识舞台坐标的4个象限；完成新任务；积极参与课堂互动。

设计意图：讲授新知。通过任务驱动，既能培养学生的学习能力，又能提高学生的学习自由度、愉悦感和积极性。学生展示有助于提高学生的成就感、提高学生的表达能力、提高学生的自信心。相互点评可以让学生发现自己的不足之处。

第三，任务驱动（进阶）。

教师活动：任务驱动（进阶）。让学生带着任务去自主理解两个模块的区别。展示个别学生任务完成情况并引导学生相互点评。

学生活动：探究学习，完成进阶任务。学生查看任务要求、完成任务，小组内互相帮助学习，先进带后进，共同进步。积极回答问题，认真听讲，获得新知。

设计意图：顺接上一教学环节，引出新的问题，让学生继续探索学习。学生在上一环节获得了成功的体验，也有了自主学习的经验，本环节略讲。本环节要求学生掌握两个模块之间的区别。

第四，小组合作。

教师活动：布置小组任务：结合学到的知识合作完成《灌篮高手》的动画制作。分析任务要求。巡视指导、答疑，鼓励学生创作出自己小组的特色。引导学生交流评价，强化归纳操作要点。

学生活动：小组合作完成任务。集体讨论，一个学生操作、演示作品，其他学生交流评价作品。

设计意图：培养学生的团队精神、合作能力。让他们在完成任务的过程中巩固学习成果，尝到成功的喜悦。

第五，课堂总结。

教师活动：布置学生填选学习反馈表，总结。

学生活动：填选评价表，倾听、记忆，内化新知，思考今天所学在日后的应用。

设计意图：多种形式的评价方式，既能锻炼学生客观地认识自己，又能培养学生学会尊重与欣赏他人的优点。

2.教学点评

本课情境有趣，富有创意。它将流行文化元素与编程教育巧妙地结合在一起，通过引导学生制作动画短片来教授Scratch编程的基本概念和方法，提升了学生在计算思维、数字化学习与创新和团队协作等方面的思维和能力。

本课以制作《灌篮高手》为主题的动画短片为目标，从选题到创意，再到编程实现，各个环节紧密相连，教学目标清晰明确。其中，情境导入从学生热门的动画片切入，很好地激发了学生的学习兴趣；新知探究通过问题解决和任务驱动等方式，以"基础任务"和"进阶任务"逐层推进，引导学生掌握Scratch编程的基本概念和方法；实践应用环节让学生运用所学知识制作《灌篮高手》主题的动画短片，学生在制作过程中不断发现问题、解决问题，学科核心素养得到了有效提升。学生被分成若干小组，学生在团队中发挥各自的优势，共同解决问题。这种团队协作的精神不仅让学生学到了知识，还培养了他们的沟通能力和团队合作精神。

在本堂课里，学生不仅掌握了Scratch编程的基本知识和技巧，还学会了如何运用编程实现自己的创意。学生的主体地位凸显，学生在学习过程中主动探究、思考、实践，而不是被动接受知识。这有助于培养学生的主动性、创造性和自主学习能力。

建议导入的相关案例用相关球星视频替换。

## 六、《识别口罩：Mind+图形化程序设计》

1.教学案例

【授课班级】湛江市寸金培才学校六年级

【教学课时】1

【授课教师】刘全

【内容分析】本课是基于Mind+设计的，既体现了国家教育发展趋势，又为学生进一步学习人工智能做好铺垫。主要内容为采用Mind+软件设计识别口罩的程序。整个程序共分为四大模块：初始化摄像头及KNN分类器、学习不戴口罩的画面、学习佩戴口罩的画面、识别是否戴口罩。采用模块化的编程方式可以方便学生理解。

【学情分析】

学生心理：六年级学生自主意识逐渐强烈，有强烈的好奇心，喜欢用批判的眼光看待事物。本课的内容是基于目前疫情防控形势而设置的，学生有很高的学习热情。

知识基础：经过前面4节课的学习，学生已掌握了图形化编程中的基本程序结构，逻辑思维能力有所提高。他们已经积累了一定的生活经验，能结合已有经验理解新事物。

个体差异：六年级学生来自各县市区，他们的信息技术水平与认知能力差异较大。为满足不同学生的需求，本课采用分层任务的形式开展教学。

【教学目标】

知识与技能：学会使用Mind+软件编写识别口罩的程序；初识人工智能中机器学习的概念。

过程与方法：通过合作探究完成实践任务，培养学生团队精神；在利用教学网站开展自主学习过程中，培养学生数字化学习与创新能力。

情感态度与价值观：体验人工智能解决实际问题的过程，感受人工智能的价值；通过展示与质疑，培养学生的批判精神。

【核心素养目标】

信息意识：在利用教学资源开展学习过程中，提高学生获取、判断关键信息的能力。在合作探究、展示交流中，培养学生分享信息的意识。

计算思维：通过完成识别口罩的任务，总结KNN分类器识别物体的一般方法：开启摄像头、初始KNN分类器、机器学习、识别物体，初步培养学生的计算思维。

数字化学习与创新：用教学网站和微课等资源创设数字化学习环境，让学生利用数字化工具解决学习过程中的问题，创造性地用Mind+软件完成识别口罩的任务。

信息社会责任：在信息活动中，增强信息安全意识，尊重和保护个人及他人的隐私。关注到在利用人工智能技术进行识别口罩过程中，可能带来的公共信息安全问题，并能提出解决方法。

【教学重点】掌握使用Mind+软件编写识别是否戴口罩的程序。

【教学难点】理解KNN物体分类器进行机器学习过程。

【教学策略】

任务驱动法：为学生提供入门任务、进阶任务以及挑战任务，实施分层递进教学，满足不同层次学生的需求。一方面学生利用教学网站上的资源开展自主学习，了解机器学习的一般过程，完成开启摄像头、初始KNN分类器的入门任务；另一方面，在合作探究过程中，让学生发挥团队力量，达成重点突破难点，共同完成识别口罩的实践活动。

构建多维评价体系：为激励学生学习，利用教学网站构建多维评价体系，贯穿整节课，评价内容包括：回答问题、课堂展示、质疑、上交作业、小组自评、教师评价。

【教学过程】

第一，创设情境，引出新课。

教师活动：以当前疫情防控为背景，提出如何利用技术手段帮助解决部分人在公共场所不戴口罩的问题。引出新课，通过 Mind+ 的机器学习模块，编写程序，实现识别口罩的任务。

学生活动：听讲并思考：如何用信息技术手段对公共场所不戴口罩的人进行高效管理。明确主题，确定学习任务。

设计意图：创设情景，呈现本节课要研究的问题，激发学生的学习动机。创设情境，导入新课。

第二，自主学习，初识"机器学习"。

教师活动：提出问题：什么是机器学习？任务要求：自主阅读教学网站上的学习资料，结合已学知识了解机器学习原理。引导学生发表自己对机器学习的理解。

学生活动：明确自主学习的任务要求，带着问题阅读教学网站上的资料，思考：什么是机器学习？阅读教学资料后，结合生活经验分享对机器学习的理解。

设计意图：培养学生自主学习的习惯和能力，根据生活经验了解机器学习的概念。

第三，原理讲解。

教师活动：演示戴口罩与不戴口罩，并提问：我们为什么可以快速辨认出有没有戴口罩？帮助学生理解机器学习：人之所以能够快速辨认出有没有戴口罩，原因是我们已经学习过什么是口罩，而且知道戴口罩与不戴口罩的模样，同样电脑要识别有没有戴口罩，也需要先学习，积累了一定的学习数据后才能用特定的方法识别有没有戴口罩。

学生活动：学生对老师提出的问题进行思考。在教师的帮助下，进一步理解机器学习的概念。

设计意图：通过现场演示、解析说明，帮助学生理解机器学习，并纠正过去对机器学习不正确的认识。

第四，自主学习，完成入门任务。

教师活动：在教学网站上展示开启摄像头与初始化 KNN 分类器的流

程图，引导学生根据流程图用Mind+软件编写程序。引导学生展示自主探究成果。对学生的操作进行补充或纠正。

学生活动：根据流程图，独立自主地完成入门任务。小组向全班同学分享入门任务的操作过程。其他同学则认真倾听。

设计意图：为进阶任务做好基本技能的铺垫。

第五，合作探究，完成进阶任务，尝试完成挑战任务。

教师活动：展示进阶任务的流程图及关键程序，引导各小组完成编写程序让电脑学习戴口罩及不戴口罩时的画面后，再编写程序识别是否戴口罩。提出合作探究任务要求：各小组做好分工合作，每位组员都要投入合作探究。展示挑战任务的内容与要求：学生在完成进阶任务的基础上，对程序进行改进，让识别口罩的操作过程变得更便捷与人性化，减少识别的误差。

学生活动：明确探究任务的内容和要求。各小组长根据要求进行分工，选定操作员、发言代表和演示员。根据流程图，开展合作探究任务，编写程序。遇到问题时小组讨论或点击学习锦囊观看微课视频。学生完成进阶任务后尝试做挑战任务或通过教学网站提交作业。

设计意图：学生通过小组合作探究，完成识别口罩的实践任务，解决本课的重难点。设置进阶任务与挑战任务，满足不同层次学生的需求。

第六，展示与质疑。

教师活动：引导已完成任务的小组向全班同学展示合作探究成果。认真观察学生的展示，如有错漏则引导其他学生进行质疑。根据展示情况，适时介入，给予纠错或补充。

学生活动：小组展示探究成果。在小组长的组织下，发言代表进行介绍，操作员运行程序，演示员进行演示。其他小组的同学认真听，如有疑问则质疑。

设计意图：通过展示与质疑，生成新知，促进各小组间的交流。

第七，梳理知识，拓展延伸。

教师活动：对本节课的知识点进行总结，引导学生梳理本节课的学习内容。根据课堂量化评价表，对学生的学习情况给予评价，鼓励学生进一步学习人工智能的相关知识。

学生活动：回顾本课所学内容。小组长对本小组在课堂中的表现进行自评。

设计意图：巩固新知识，增加学生完成任务时的成就感。

【教学反思】

亮点：本课设计了入门任务、进阶任务及挑战任务，层层递进，满足不同层次学生需求。依托教师自主开发的教学网站开展自主学习、合作探究，为学生提供学习资源，促进学生个性化学习，提高学生数字化学习与创新能力。构建多维评价体系，对回答问题、课堂展示、质疑、上交作业等情况进行量化加分，贯穿整节课，激发学习热情。加入小组自评及教师评价，发挥多元评价优势。

不足之处：主要体现在部分学生对老师的依赖过高，另外还有部分学生不敢大胆地表达意见。接下来的教学中可以通过多种途径调动学生的积极性。

2.教学点评

本课以学生们经历的疫情防控为背景，提出如何利用技术手段帮助解决部分人在公共场所不戴口罩的问题，情境与学生的实际生活相关，提供了一个连接现实生活和学科知识的桥梁，帮助学生将所学的知识和技能应用于实际问题的解决中。创设的情境引起了学生的兴趣和好奇心，激发了他们的探究欲望。

以识别口罩的微项目为基础，教师通过入门任务、进阶任务及挑战任务，用教学网站和微课等资源创设数字化学习环境，让学生利用数字化工具解决学习过程中的问题，层层推进，创造性地用Mind+软件完成识别口罩的项目任务，在培养学生自主学习的习惯和能力的同时，让学生了解了机器学习的相关概念和原理，学生的计算思维和信息意识都得到提升。其中，教学支撑平台这一数字化学习平台无疑是一大亮点，提升了学生学习的效率，自主探究、展示评价、上交作业、多维评价均在一体化的平台上完成，有效解决了教学评一体化的问题。

信息社会中，伴随人工智能相关技术与事物越来越多地出现和应用在我们身边，帮助学生认识其中的风险，促进其树立信息安全意识和隐私保护意识、培养社会责任，使学生成为合格的"数字公民"，也是新课程标准对于学科教学的要求。本课能够关注到在利用人工智能技术进行识别口罩过程中，可能带来的公共信息安全问题，并能提出解决方法，无疑是落实新课标理念的一个有效践行。

## 七、《旅游行程规划》

### 1.教学案例

【授课班级】湛江市寸金培才学校七年级

【教学课时】1

【授课教师】余俊辉

【内容分析】本课以旅游行程规划为课堂主线，让学生学习使用互联网工具来解决生活中的问题，体会互联网的强大功能。学生在本课中通过小组合作的方式来对实际的旅游情景进行讨论与规划，能使学生的行程规划技能得到锻炼。

【学情分析】七年级学生对互联网充满好奇心，但无法判断互联网上数据的真实性。学生已经学习了计算机的基本操作，能够使用互联网搜索引擎来获取信息。但是由于学生的生活阅历尚浅，在规划行程时不能考虑到方方面面，所以本课要发挥互联网的作用，让学生在合作探究中培养其获取、遴选信息，以及统筹规划的能力。本课以小组合作的形式开展学习活动，结合教学网站上的学习资源，让每一位学生都能在课堂上有所收获。

【核心素养目标】

信息意识：认识互联网给生活带来的便利，提高使用互联网来解决生活问题的意识。能够根据需求，分析与评估互联网数据的可靠性与实效性。

计算思维：在规划旅游行程的过程中，能使用在线地图搜索地点与路线，并对搜索结果进行分析与优化，从而规划出合理的行程。

数字化学习与创新：合理利用教学网站上的资源，学习使用在线地图。能按照任务需求，运用教学网站上的行程记录功能，规划并展示旅游行程。

信息社会责任：能与同组成员合作规划行程，并使用教学网站来分享展示行程，在规划行程时能注意到出行路线中的安全问题和对景点的保护问题。

【教学重点】学会使用在线地图的地点查找、路线查询、搜索附近等功能。

【教学难点】运用适当的互联网工具来规划出合理的旅游行程。

【教学策略】本课主要采用任务驱动的方法来开展教学。以规划湛江一日游的行程为明线，引出课堂任务，以学习使用在线地图为暗线，让学生在完成任务的过程中，学会使用在线地图的常用功能，了解行程规划的一般流程及考虑要素。学生首先参考教学网站上的学习资源，自主学习，学会在地图中搜索景点的位置、景点之间的路线、景点附近的美食等；然后通过小组合作探究的形式，规划自己小组的旅游行程，将行程记录在教学网站上；最后小组成员上台展示自己小组的行程，其他同学进行质疑与补充，教师则对小组的行程进行点评。

【教学过程】

第一，创设情境，明确目标。

教师活动：课前播放湛江赤坎老街的介绍视频，展示赤坎老街手绘地图，并说明其实湛江除了赤坎老街，还有很多富有特色的旅游景点。

创设情境：本班的家委会计划在同学们的紧张学习之余，于本周末组织一次湛江一日游的活动，游览湛江特色景点，品尝湛江特色美食。但是湛江的景点和美食都非常多，一天之内能去的地方不多，所以需要好好规划你们的行程。因为规划时要考虑到出行的景点、交通工具、路线、就餐、预算等多方面的因素，使用传统的纸质地图可能会显得捉襟见肘。所以我们可以使用合适的互联网工具来帮助我们规划这次行程。

学生活动：认真观看视频，感受赤坎老街的魅力。倾听教师介绍，进入课堂情境，明确本课任务。

设计意图：以赤坎老街的视频作为引入，能够吸引学生的注意力，让学生快速进入课堂。展示传统纸质地图，将其与在线地图进行比较，体现出在线地图的优点，从而引出本课的主题。创设真实的生活情境，让学生能够运用学到的知识技能来解决实际生活中会遇到的问题，增强信息意识。

第二，自主学习，掌握技能。

教师活动：简要介绍自主学习的任务。在学生自主学习过程中，巡查课堂，对完成速度较快的小组进行表扬（加分）并适当帮助后进生。

邀请2名学生上台展示任务，检测学生自主学习情况。

学生活动：听教师介绍。明确并完成自主学习任务。这些任务有：选择使用不同的在线地图，搜索以下景点的位置。景点A：广州湾商会。景点B：渔港公园。搜索A与B景点之间的路线，分别记录乘坐公交和打车所需的时间与金额。搜索B景点附近的美食，选择一个你感兴趣的用餐地点，记录其人均消费金额。三款工具在操作上和呈现结果的形式上有什么相同和不同的地方？上台展示搜索操作。

设计意图：让学生明确自主学习任务。学生依靠教学网站进行自主学习，学会如何搜索某一地点的位置，以及两个地点之间的路线，而且学会搜索"附近"查找某一地点附近的美食等。通过比较不同的在线地图工具，让学生明确这类工具的共性，在使用其他同类工具时，能够自己学会其用法；让学生知道不同工具的差异，能根据自己的实际需求选择合适的工具来解决问题。检测学生的学习情况后，老师根据实际需要进行查漏补缺，确保学生都能掌握以上搜索技能。这样就达成了本课的重点。

第三，合作探究，规划行程。

教师活动：引导学生回归到课堂情景：规划湛江一日游的行程。并补充以下约定：早上9点从学校出发（已吃早餐），下午6点前回到学校（可不规划晚餐）；旅游预算为每人150元；为了保证行程质量，请尽量将景点数控制在5个以内；天气预报提示这天一整天都是晴朗。简要介绍合作探究的任务。在学生合作探究时进行巡堂，观察各小组的情况，对完成速度较快的小组予以表扬（加分），对进度稍慢的小组予以适当的指导。

学生活动：明确小组分工要求：以3人为一小组，其中1名同学负责搜索并记录行程，2名同学负责讨论与规划景点与路线。小组内积极开展合作探究，完成以下探究任务：热身任务：确定旅游的主题，如生态研学之旅、追寻历史之旅、摄影之旅或自拟主题。基础任务：根据主题，选择要去的景点（可在推荐列表中选择，也可自己拟定）以及各景点之间的路线。进阶任务：搜索景点附近的美食，根据地图上的评价以及人均消费选择合适的午餐地点。在教学网站上记录好各项数据：在景点的逗留时间与消费；乘坐交通工具的时间与费用；午餐的用餐时间与人均消费等。形成完整的路线数据表。如有时间，可以给行程添加插图，以更好地将本小组的行程展示给大家。

设计意图：在开始合作探究前，应明确小组成员的分工，这样能提高小组完成探究任务的效率，满足不同层次学生的需求。在规划行程前，应先确定旅游的主题，这样学生在选择景点时就能够有的放矢。教学网站上也提供一系列的景点推荐列表，对湛江不熟悉的同学也能选择合适的景点。教学网站上设有专门的页面可以让学生录入行程数据，能够根据学生输入的数据自动计算总金额，让学生专注于完成任务。最后网站能够自动形成整个班所有小组的旅游行程数据库，学生日后可以随时在教学网站中查询该数据库，真正做到能够利用信息科技来解决生活中的实际问题。通过小组合作探究，借助教学网站的力量，学生需要不断思考并讨论，才能得出一条主题鲜明、时间分配合理并省钱的旅游行程，从而突破本课的难点。

第四，分享展示，巩固知识。

教师活动：请两到三组学生上台展示自己的行程，倾听学生的讲解，并适时进行引导与补充。预设问题（以下问题可能由学生提出，也可能由教师补充提问）：地图中的人均消费数据是否完全可信？所选择的地点或路线是否安全？在该旅游行程中有什么需要注意的地方？选出其中的优秀旅游行程，并在教学网站上为小组加分。

学生活动：展示小组上台展示本小组的行程规划，其他小组倾听讲解，如有问题，可在展示完毕后进行点评与质疑。展示要点：旅游主题；所选景点（重点介绍一个景点）；景点之间的路线；午餐地点；为什么选择这些景点、路线、午餐地点；人均费用的小计。

设计意图：通过小组分享展示，可以检测小组的行程规划是否合理。在规划行程时，一般会出现这些问题：景点游览顺序不合理导致坐车时间太长，预算超支，没有预留空闲时间，用餐不健康卫生等。另外，如果某小组的行程规划得很好，可在网站上将其评为优秀行程。在学生的点评与质疑过程中，学生之间发生思维的碰撞，生成更多新的想法。通过老师的补充与提问，引导学生关注地图中人均消费是否准确的问题，以及旅游过程中的人身安全问题，而且可以引导学生增强保护景点公共财物的意识，从而增强学生的信息社会责任感。

第五，梳理知识，拓展提升。

教师活动：本课通过设计湛江一日游的旅游路线，学习了如何使用互联网查找地点的位置，查找两地间的路线，查找某一位置附近的其他地点，锻炼了统筹规划的能力，同时感受到湛江的深厚的历史底蕴、多样的美食文化和丰硕的生态建设成果。引导学生一起将行程规划的一般步骤提炼成一个流程图，逐步介绍并总结行程规划中需要考虑到的问题。提出课后思考问题：如果你和家人或同学要在学期结束后到广州进行为期4天的旅游，请你使用合适的互联网工具，规划一次完整的行程。

学生活动：认真听讲总结，回顾知识点。总结出行程规划的一般流程，学习并思考规划过程中所需要考虑的问题，反思自己在合作探究时是否考虑到了这些因素。课后思考能否使用在线地图来规划到其他城市的旅游行程，将学习到的知识应用到生活中去。

设计意图：回顾本课的探究活动，总结其中所学到的知识点，让学生把握整个课堂的内容。用流程图的形式表现出行程规划的一般步骤，可以让学生清楚认识行程规划的流程，从而锻炼了计算思维。引导学生用本课的知识来规划复杂的旅游行程，提升学生的知识迁移能力。

【教学反思】

亮点：

第一，行程规划是一项重要的生活技能，大部分学生都没有这样的规划经验。本课为学生创设了真实的应用情境，让学生完整地体验行程规划的过程，并引导学生选用合适的互联网应用来辅助自己完成整个规划，增强学生使用互联网技术来解决生活问题的意识。

第二，学生使用小组合作的形式来一起规划旅游行程，在整个探究过程中，需要考虑多方面的因素，最后由教师来引导学生共同提炼出行程规划的一般流程，以及每一个步骤需要注意的问题，很好地锻炼学生的计算思维，能让学生举一反三，运用本课所学来规划生活中的其他行程。

第三，本课依托自主开发的教学网站进行开展，学生能够将行程记录在网站上，能自动生成行程时间线，提高探究的效率。此外，还有专门的页面用来展示所有小组的行程，这样就能形成一个成果展览，让学生课后能随时查阅。

不足之处：

本课的评价对象是整个学习小组，主要体现在教学网站上可对小组的课堂表现与探究成果做评价，但对学生个人没有进行有效的评价。虽然学生能够利用教学网站的功能来记录行程并生成展示页面，但如果学生脱离了教学网站，是否也能做好行程规划呢？这值得思考。

## 2.教学点评

本课属于新课标中第四学段"互联网应用与创新"模块的教学内容，要求通过本模块的学习，学生能加深对互联网及相关新技术本质的认识，初步具备利用互联网基础设施和计算思维方法解决学习和生活中各种问题的能力。

授课教师以本土特色的赤坎老街视频引入，抛出湛江本土旅游行程规划项目，从学生熟悉的身边事物切入，创设真实的生活情境，引导学生思考旅游行程中可能遇到的问题，从而引出旅游行程规划的重要性和必要性，让学生能够运用学到的知识技能来解决与自己相关的实际生活中会遇到的问题，激发学生的学习兴趣和参与项目热情的同时，有力地增强了学生使用互联网技术来解决生活问题的意识。学生在本课中通过小组合作的方式来对实际的旅游情景进行讨论与规划，能使学生的行程规划技能得到锻炼。

广州湾商会、渔港公园、小吃美食等本土元素引入课堂，项目选题丰富、合适贴切，学生分小组讨论交流和实践操作热烈积极，能够满足学生的个性化需求。分享展示环节，学生在保持饱满的学习情绪的同时，来自师生的点评与质疑中思维的碰撞，让这节课多了一些课堂预设之外的生成性的东西，值得肯定。

本课中使用的自主开发的教学平台网站，具备教学评一体化的功能，同时能够让学生将行程记录在网站上，能自动生成行程时间线，提高了学习探究的效率，是信息科技课程开展实施的强有力的数字化学习平台。

## 八、《神奇的二维码——小方块显神通》

### 1.教学案例

【授课班级】岭南师范学院附属中学九年级

【教学课时】1

【授课教师】黎招准

【内容分析】本课选自新世纪出版社的《信息技术》（刘良欣主编）九年级全一册第7课内容。通过介绍二维码的原理、制作和防范的方法，让信息技术与实际生活紧密结合，凸显信息技术的实际意义。初中信息技术课程强调结合初中学生的生活和学习实际设计问题，鼓励学生将所学的信息技术积极地应用到生产、生活乃至信息技术革新等各项实践活动中去，在实践中创新，在创新中实践。学生掌握好本节课的内容，对于他们今后的学习与生活有积极的意义。

【学情分析】九年级学生对网络操作比较熟悉，同时对智能手机有一定了解，能够使用一般的软件。在课堂上，考虑到每位学生的实际情况差异和学校要求学生不能带手机进课堂的规定，进行二维码相关内容讲授时，教师主要以 iPad 进行演示，学生以智能扫码终端为体验对象，并不要求学生使用自己的手机在课堂进行实际操作。

【教学目标】

知识与技能目标：了解二维码（QR 码）的原理和应用；能够运用智能扫码终端扫描二维码图形；能利用制作平台设计出自己需要的二维码。

过程与方法目标：通过生活中二维码的体验和扫码活动，思考和总结二维码的功能及作用；在认识二维码的基础上，制作二维码并展示交流，不仅能够善于获取信息也能成为信息的创造者和传播者。

情感态度与价值观目标：在认识和制作二维码的过程中，感受二维码在生活中的广泛运用，体会技术对人们生活的影响；经历由浅入深的思维过程，养成探究的思维习惯和学习态度，并通过制作二维码，提高动手能力，培养自我展示、与他人分享交流的能力。

【教学重点】制作二维码。

【教学难点】理解二维码存在的安全风险。

【教学策略】本课采用学生身边"熟悉"却又"陌生"的事例：二维码扫描，引导学生展开实践。教学过程以参与式探究教学法为主，发挥学生的主观能动性，采用尝试探索和问题导学的方式，以问题的形式传达出教学内容，再由学生自己去发现和探索，以期学生获得解决问题的经验和方法，然后内化为自己知识结构的一部分。

【教学环境与资源】

教学环境：计算机多媒体网络教室（可以提供无线网络），电子广播教学系统（能实现教师机广播、学生分组、学生机示范、文件传输、作业提交等功能），连接网络的 iPad 和智能扫码终端。

教学资源：iPad 和智能扫码终端；在线制作二维码网站和自主学习制作二维码资源网站；PPT 课件《神奇的二维码——小方块显神通》；《二维码病毒现身，扫码小心中招》视频。

【教学过程】

第一，创设情境，激趣导入。

教师活动：用 iPad 演示个人二维码名片的扫描，向学生介绍自己的情况，以这种独特的自我介绍方式引起学生的兴趣，引出本节课的课题。展示二维码在生活中的应用，让学生感受二维码的强大功能，激发学生浓厚兴趣，如二维码试题、二维码支付、二维码签到、二维码网购、二维码墓碑、二维码植物简介、二维码请柬等。

第二，引导实践，探索新知。

教师活动：二维码知识讲授：二维码定义：二维码是由平面上黑色方块点和白色方块点拼接成的特殊图形，它巧妙地让图形中的黑点和白点与二进制中的数 1 和 0 对应，从而使图形能表示一定数量的符号信息。我们流行所用的是 QR 码。QR 码呈正方形，只有黑白两色。在 3 个角落印有像"回"字的正方图案，这是帮助解码软件定位的图案，使用者不需要对准，以任何角度扫描，信息都可以被正确读取。指出移动智能手机与二维码结合，已经成为流行的趋势。介绍二维码识别的基本工作过程和简单原理。小游戏，扫一扫，体验并理解智能扫码终端的扫码功能。

第三，自主实践，小组协作。

学生活动：利用二维码制作网站在线制作常规二维码，分组制作名片二维码、网址二维码、地图二维码等。以三个人为一小组，构想一个二维码的应用，并制作个性二维码；要求二维码包含应用构想等信息。比一比哪个小组的二维码应用构想和个性化设计最好。观看视频短片，分析二维码的安全性，总结归纳二维码的防范措施：选择一款权威安全的扫码软件；不盲目扫描来历不明的二维码；安装病毒查杀、骚扰拦截软件。

第四，理论点睛，提升高度。

教师活动：课堂小结二维码原理、制作、安全防范措施、发展前景。

2.教学点评

本课以"情境引入—探索原理—体验实践—总结提升"为教学思路，通过活动、教师的讲授、学生自己探索、思考和讨论，完成教学任务，达到教学目标。

本节课以扫一扫教师个人名片和呈现二维码在生活中的各种应用情景引入新课，引导学生逐步推出二维码的简单原理，并尝试制作个人二维码名片和小组创意二维码，通过小组讨论的方式，让学生联系生活，构想二维码应用，充分发挥学生的想象力，最后通过体验虚拟病毒和观看视频短片，引导学生总结出如何防范不安全二维码的措施。在教学过程中，将教学目标层层分解，把知识点渗透在一步步的实践中，通过师生的共同讨论，内化为学生的知识，并且将大部分的演示交给学生来探索，通过学生的动手操作，拉近了技术与生活的距离，达到学以致用的目的。

创设真实情境，引导学生从真实问题出发，学习才能真正发生。本课采用学生身边常见的二维码扫描导入项目学习，引发了学生探究二维码的好奇心，从而成功地启动项目，有效引导学生开展学习活动。而且，教师在情境导入中设置的体验活动别出心裁：因为是借班上课，师生初次见面，教师借二维码展示了自己的个人魅力，拉近了师生的距离，为教学活动的顺利开展打下了良好的基础。再通过各种二维码应用体验，来吸引学生的注意力，为后面的学习做好铺垫。

在本课当中，教师简洁地讲授二维码的相关知识，为学生提供了理论基础，学生建立起基本的认知框架之后，再进行小游戏体验，扫一扫，体验智能扫码终端的扫码功能，激发了学生的兴趣。在这个过程中，教师的引导恰到好处，在必要时讲解，设计的项目活动暗藏玄机，使学生主动去探索答案，激发学生的好奇心和主动性，使整个课堂的学习保持活力。

本课设置了3个环节的体验实践活动：个人制作常规二维码、小组协作制作创意二维码、二维码安全防范，并组织学生进行交流和分享，鼓励学生将二维码应用于创意和实际场景中，鼓励他们展示自己制作的个性二维码，分享使用心得和发现，培养学生的信息社会责任。3个环节的体验实践，让学生可以在实践中深入理解二维码的原理和应用，培养他们的操作技能、创新思维和安全意识。

在课堂小结环节，教师引导学生回顾二维码原理、二维码制作、二维码防范措施帮助学生巩固知识，梳理思路，并提出问题和疑惑。在最后，教师引导学生畅想二维码的前景，拓宽学生的视野，激发他们对信息技术领域的持久兴趣和创新思维。

本课给学生提供了一个宽松开放的课堂，通过体验式的学习，让学生化被动为主动，把学习主动权交给学生，做到以学生为主体，通过引导与提供设备和充足的时间，让学生自主探索，从而学到知识、掌握方法、提高能力。在引导学生探索的过程中，教师的讲解是适当且必要的，学生的体验和实践时间充分，对原理的探索有一定的深度，课堂富有活力。

这节课对硬件的要求比较高。学生不能带手机进校园。如果学生没二维码扫描器，这节课应该如何设计？大家可以广开思路，使其具有更广的适应性。

## 九、《数据编码之声音编码》

1.教学案例

【授课班级】遂溪县第三中学高一

【教学课时】1

【授课教师】卜碧芳

【内容分析】本课是粤教版《数据与信息》第一章第2节《数据编码》第2小节的内容。编码的基本方式是第一章的重点内容，声音编码是其中的重要组成部分，和前面的文字编码和图像编码一起解释数据编码的基本方式。教材里关于声音编码的内容，详细描述了声音编码的3个步骤，给出声音存储空间的计算方法。因此本节课的学习内容有声音编码的过程、声音存储容量的计算。

【学情分析】高一学生，根据入学时的学情调查，有七成学生的学科基础很薄弱，但很乐意接触新的知识，大部分学生学习信息技术的能力比较强。由于很多同学正式接触计算机的时间不长，实践操作不熟练，需要给更多的时间进行实践，应尽可能提供将"学科素养与技术技能"结合起来的实践范例，提高学生的数字化学习与创新等核心素养。

【教学目标】

数字化学习与创新：采用数字化工具探究声音编码的过程，掌握声音编码的基本方法，了解声音数字化的基本原理。

信息意识：通过体验和观察，了解采样频率、量化位数和声道数对数字化音频文件大小及效果的影响，会计算音频文件存储容量。

【教学重点】声音采样、量化、编码的过程；声音存储空间计算。

【教学难点】声音采样、量化、编码的过程。

【教学环境】网络机房。

【教学过程】

第一，情境体验，引发思考。

学生活动：学生上台，说"我爱祖国"，将声音录下，播放，观看声音的波形。请学生听音乐，同一首音乐不同采样频率、位数、声道等，感受声音质量的区别，选择出认为质量最好的样本，记录下来。

设计意图：通过课堂导入活动，激发学习动机，作为探究活动的起源。引出主题：数据编码之声音编码。

第二，实践探索，理解原理。

学生活动：小组合作，使用"网络画板"体验声音采样和量化过程，再用前面学习过的二进制转化知识，将量化后的十进制数转换成二进制，使声音由模拟曲线变成由0和1组成的数字编码。通过实践与探究，真实体验声音编码的整个过程。

4个层次的实践项目：

A级：采样频率2 kHz，量化位数8 bit。

B级：采样频率2 kHz，量化位数4 bit。

C级：采样频率1 kHz，量化位数8 bit。

D级：采样频率1 kHz，量化位数4 bit。

自主学习，合作探究：采样、量化、编码。

设计意图：设计分层次探究任务，让学生使用数字化工具探究声音编码过程，亲历声音的采样、量化和编码，理解抽象的原理；体验数字化学习过程，感受利用数字化工具和资源的优势，提升数字学习与创新能力。

第三，展示交流，深化理解。

学生活动：4级项目的小组各1队，上台对自己的项目进行展示解说。全体同学再次回顾声音采样、量化、编码过程，深入理解声音编码的全过程。

教师活动：比较A、C级项目，引导学生理解采样频率对声音质量的影响；比较C、D级项目，引导学生理解量化位数对声音质量的影响。

设计意图：在展示交流中回归学习的全过程，加深对声音编码的理解，同时通过小组探究结果的对比，使学生理解采样频率和量化位数对声音质量的影响，回应了情境体验活动。

第四，原理应用。

教师活动：讲解音频文件存储容量的计算：（未压缩）音频文件存储容量＝采样频率×量化位数×声道数×时间（秒）/8（字节）。

设计意图：通过声音编码理论的应用，掌握计算（未压缩）音频文件存储容量，进一步理解前面的原理学习。

第五，总结内化，拓展延伸。

教师活动：通过学习平台，引导学生梳理归纳知识点，并完成练习。

设计意图：通过小结练习，对所学的原理知识进一步梳理归纳，巩固内化，并拓展延伸。

2.教学点评

本课在深入分析学情之后，用"看见声音"和"倾听音乐"两个体验活动引出问题，设计"探究声音编码过程"项目，让学生通过数字化工具进行采样、量化、编码，从做中学，更好地理解声音编码的过程，深化信息技术学科原理的学习，并将原理应用于探究学习过程中。有意识地将项目教学融入理论教学，提供将"学科素养与技术技能"结合起来的实践范例，提高学生的数字化学习与创新等核心素养。这样的教学方式能够激发学习动机，提升学生的核心素养，收到良好的学习效果。

在这个教学案例中，教师首先通过课堂导入活动——"看见声音"，用眼睛看见声音的波形变化，激发学习动机，作为探究活动的起点，同时用课堂体验活动"倾听音乐"，用耳朵区分同一首歌不同采样频率和量化位数的音效，在学生心里埋下疑问，引发好奇心。好奇心是学习的源头，也是学生学习效果的保证。这节课的情境创设富有新意，既紧扣项目学习需求，又切中学生的兴趣点，能够很好地激发学生的学习兴趣。

教师设计了一个非常有效的探究项目，引导学生通过数字化工具亲历声音编码的全过程，把声音编码原理"做"出来了。啥叫采样，如何量化，怎么编码，如果说看书是"云里雾里"，听课是"一知半解"，那么亲自用工具去模拟整个声音编码过程，经过实践体验后，编码原理的理解就水到渠成了。

学生展示出来的探究过程看似一致，全体同学再次在展示交流中回顾声音采样、量化、编码过程，深入理解声音编码的全过程。但因为选择的项目层次不一样，结果又蕴含有教师的设计意图——通过小组探究结果的对比，使学生理解采样频率和量化位数对声音质量的影响，回应了情境体验活动。

在展示活动中发现问题也是项目学习的意义所在，如有个小组在展示中展现出了学习中容易出现的问题：采样时出现了负值，量化后编码时的负号不知道如何编码，在展示时提出这个问题之后，教师把这个问题交给同学们，结果就有同学主动出来解释，真正实现以学生为主体的合作学习。

学业考核要求学生掌握音频文件的大小计算。在一般的课堂教学当中，很多教师往往直接讲授计算公式，用一个例子套进去，得出考核需要的结果就好。对学生的要求也是记住公式，会计算就行。在本课中，教师引导学生一路探究下来，自然而然地，学生理解了公式是怎么来的，达到"知其然，知其所以然"的效果。

教师以综合测练的方式梳理所学知识，通过教学平台发布小测，及时了解学生的学习情况，以知识输出来梳理所学。

这节课最大的亮点在于让学生通过数字化工具探究声音编码原理。教师设计分层次探究任务，设计探究项目，让学生使用数字化工具探究声音编码过程，亲历声音的采样、量化和编码。而且探究项目分层次，既能够适合各个层次的学生，又便于用来突破难点。

本节课最大的遗憾就是：在实践探究的过程中，部分小组由于不能够在限定的时间完成探究任务，影响了后面的学习状态，在这种情况下，教师未能及时调整教学节奏和程序，给学生更多的时间，让大部分学生能够全程完成探究，体验成功的喜悦。

改进建议：在学习 wav 声音文件存储容量大小的计算时，可由教师详细讲解，计算的注意事项和单位也要讲解到位。因为前面的探究活动虽然有助于理解声音编码的原理，但学生个人的探究学习具有局限性，所学原理应用于音频文件大小的计算并不能直接套用，该校学生对数学类的计算基础同样薄弱，因此这部分内容适合由教师主导讲授。

（本文写于 2024 年）

第六编

评价论

# 通过学生的自我评价，促进信息素养的提升

　　普通高中信息技术课程的总目标是提升学生的信息素养。学生的信息素养其中的一点表现是：对信息及信息活动的过程、方法、结果进行评价的能力。因此我们在教学中要使学生自觉参与评价体系，提升学生的评价能力。

　　在传统的教学设计中，往往只在教学结束后实施评价，更多地将评价作为测量学生学习结果、分析学生是否掌握有关知识与技能的手段，忽视了评价对教与学过程的促进功能。因此，传统的教学大多把教学设计和教学评价分开进行，不能体现评价对教学的促进作用和对学习的诊断作用。近年来的教学研究证明在教学活动的各个阶段，通过评价能促进学生的学习，从而提高教学质量。一个设计良好、施教合理的过程应是有效教学评价与教学同时展开，有效评价与有效教学在特征上高度吻合。为了提高信息技术的课堂教学质量，建议信息技术教师逐步树立"教—学—评"三者有机结合的教学评价观，把教学评价的设计融合到教学设计，使其成为教学设计中不可缺的组成部分。

　　在大型的小组合作主题活动后，通过各个小组学生的自我评价，是有效地提高学生的信息素养的一种手段。这里所说的各个小组学生的自我评价，指的是在小组分工的主题活动完成，教师安排一定的时间，让小组的同学（或选代表）上讲台用5～8分钟对本小组的作品进行分析、讲解和评价。从设计思想、设计过程、小组分工等角度对自己小组的作

品来个全方位的自我评价。我们发现学生的自我评价是一个有效提升学生信息素养的途径。

## 一、自我评价，创设了学生主动参与的良好情境

如果在学生完成主题活动后，单纯由教师来点评，有的学生参与的气氛不够浓，有的学生对小组分工主题活动的设计参与不够投入。开展了学生的自我评价后，学生自己上讲台评价自己的作品，极大地调动了学生主动参与的积极性。

在课堂教学中，学生是学习的主人，在实施素质教育过程中，我们特别强调学生主动参与意识的培养，促使学生在教学活动中主动去探索、去思考，达到最佳的教学效果。在教学中除了创造一个良好的学习环境外，还要有一个良好的"监督"环境，也就是评价体系。自我评价能充分激发、调动和维持学生自主学习的积极性，充分发挥学生探究和学习能力。同时，在小组自我评价时由于要讲解本小组的分工情况，这也避免了在小组分工合作中有个别同学"无所事事"的现象出现。小组分工自我评价充分发挥了小组中每个学生的主动参与氛围，同时在自我评价中培养了学生的竞争意识，使学生在信息技术课堂教学中养成合作学习的良好习惯。

从理论方面说，强调环境的营造与建构主义的突出"情境"是相一致的，建构主义教学理论强调创设情境，把创设情境看做"意义建构"的前提。采取学生自我评价的教学设计，就是为学生创设了主动参与的良好情境。

## 二、自我评价，有助于培养学生加工处理信息的良好习惯

通过问题解决进行学习是信息技术教学的主要途径之一。一方面，通过问题解决活动学习信息技术，可以激发学生的学习动机，发展学生

的思维能力、想象能力以及自我反思能力；另一方面，可以促使学生把信息技术应用到日常的学习和生活实际，甚至可以间接或直接地参与社会生产、信息技术革新等各项活动。

新课程标准及教材安排的主题活动主要培养学生的搜集信息、处理信息、加工信息、表达信息的能力。我们希望通过主题活动能培养学生加工处理信息的良好习惯。

由于学生要上讲台对自己的作品进行讲解，促使他们必须对作品的设计思想、设计过程和表现形式等方面有综合思考。这就避免了学生盲目参与主题活动情况的出现，养成加工处理信息的良好的习惯，将使学生逐步养成初步具备应用信息技术的能力，为他们的终身学习打造平台。

## 三、自我评价，促进了学生之间互相沟通、互相学习

普通高中信息技术课程标准鼓励学生的个性化发展，我们通过主题活动，让学生在运用信息技术的过程中，培养思维能力、想象力等基本能力；通过主题活动，培养学生处理与交流信息等特殊能力。主题活动强调了学生的自我选择、自我设计，挖掘了学生的潜能。

通过小组的自我评价，使各个小组的"特色"能快速展示在全班同学的面前，使其他小组的同学能了解到该小组的闪光点和可取之处，从而改进自己的学习；使学生学会欣赏他人、取长补短，在评价自己小组作品的同时，也接受他人的评价，有利于形成正确的信息技术评价观，促进学生的相互沟通相互学习。在小组的交流合作和全班的小组自我的评价中，学生分享了思想、反思自我，促进学生的社会化。

在这一教学实验中，我们还注意到以下三点：

第一，小组合作主题、自我评价活动实施的频率要适度，不能过密。普通高中信息技术作为新课程标准下的一个学科，每个模块占有36个学时。小组的自我评价占用一定的课堂时间，如果实施频率过密、占

第六编 评价论 ▲ ▲ ▲

用时间太多，将会影响后面内容的学习。建议在信息技术必修模块的第一章中实施，有利于学生形成良好的思维习惯，促进良好信息素养的培养。如有条件，可以在课外活动的时候实施小组的自我评价，这样将不占用课程的学时。

第二，为了便于其他小组的同学能集中精神听在讲台上的同学对该小组的自我评价，建议在有平台的教室里实施。这也是信息技术课程有别于计算机课程的地方。当能够通过简单手段达到获取信息技术的时候，要避免依赖通过计算机来获取信息。这样也可以使别的小组的同学集中精神来听别的小组的自我评价，甚至提出疑问，达到活跃课堂气氛的作用。

第三，当学生在讲台上对自己的作品进行自我评价时，教师要充分发挥好课堂的主导作用。当学生在小组自我评价遇到困难时，教师要适当帮助；当小组讲解到好的地方时，教师要点评，及时表扬。

（本文写于2005年）

# 基于学业评价系统的信息技术课堂
# 过程性评价实践研究

教学评价应对教师的课堂教学及学生的学习起到必要的促进与引导作用。本研究通过学业评价系统记录学生在学习过程中的学习表现，对学习成果进行多元评价，探讨基于学业评价系统的信息技术课堂过程性评价对学生学习效果的影响。

## 一、引言

新课程改革提出：信息技术教师应逐步树立"教—学—评"有机结合的教学评价观，将对教学评价的设计和规划融合到教学设计中，使其成为教学设计中不可缺的组成部分，将仅重视"教—学"过程的教学设计和规划转变为"教—学—评"过程的全面设计，确保评价对教学和学习"全过程"的促进作用。

作为湛江市信息技术学科的教研员，我带领湛江市信息技术骨干教师团队阅读课程标准和课标解读，深入理解新课程改革的理念，尝试用多种的评价方法来激发学生学习的持久兴趣和动力，以期带动中小学生更好地提高信息技术应用技能，培养学科核心素养。

通过多年的研究实践和综合分析，发现采用学业评价系统实时记录学生的学业情况，并进行多元评价、多方交流互动，能够很好地激发学生学习的持久动力，提高课堂教学的有效性。

## 二、研究综述

### 1.学业评价系统

在本研究当中，学业评价系统指能够长期记录学生的学习情况、存储学生作品并提供多元评价和反馈的信息系统。

从已有的研究来看，鲜有以"学业评价系统"为名的正式研究。比较成熟的具有学业评价系统功能的研究有电子学档、Modern平台、各校自主开发的作业评价系统、智慧教室自带的"云课堂"平台等。相关研究多是有关各种评价系统的构建与设计、开发与实现，也有探讨评价策略或应用的，但多是浅谈，很少有可供参考的应用研究。

对于信息技术学科的教学评价该如何开展，湛江市的骨干教师带领各自的团队进行了一轮探讨，发现不管用哪种系统或平台，其核心是一样的，都具有记录、评价、反思、交流的功能，能够实时记录学生学习的情况，系统搜集学生的作品或者作业，通过这些记录来呈现学习者努力过程和自我成长，形成学生的学习档案。这些学习档案还包括学习者在这段学习过程中来自老师和同学的意见，还有学习者本人对自己的反思和评价。学习者本人是学业评价系统的主要构建者，学生之间、师生之间互相交流评价方便。

### 2.过程性评价

有关过程性评价的理论、实践，都有系统的文献资料。从时间维度分析，自20世纪80年代开始，一直到今天，相关研究一直呈上升状态，说明对过程性评价的研究还在不断深入。

过程性评价包括四层含义：过程性评价是一个对学习过程的价值进行建构的过程；过程性评价在学习过程中完成；过程性评价强调学习者以适当的主体参与；过程性评价是一个促进学习者发展的过程。

上述含义表明过程性评价不可能通过一次评价完成，而是应该在学习过程中发生的、学习者参与的、渐近的价值建构过程。这里的"过程"有两个不同的概念：一是评价本身就是一个价值认知并建构的过程；二是学习活动过程中的评价。

在本研究中，我们将过程性评价界定为：对学习者在某段时间内的学习过程，包括学习过程中行为态度、形成的作业作品等进行多方评价——个人自评、他人评价、教师评价，形成一个相对完整的过程，以促进学习者的反思和进步。

3.基于学业评价系统的过程性评价

从过程性评价的理念可以看出，实施过程性评价需要解决三个问题：一是过程性信息的记录与存储；二是基于过程性信息判断学生的知识水平与认识特点；三是通过多元评价为学生提供及时有效的反馈。学业评价系统是具有交互功能的电子学习档案管理空间，便于记录和搜集学生的学习活动、师生互动、生生互动等信息，能够为有效实施过程性评价提供了较好的解决方案。然而，搜集并研读相关研究文献时发现，真正适合一线教学基于学业评价系统的过程性评价应用研究稀缺，有待更多的教学研究补充其中。

## 三、基于学业评价系统的教学评价过程

基于学业评价系统的过程性教学评价，关键点不在于采用了什么样的评价系统，而在于如何因地制宜，将技术应用到过程性评价中，提升教学效果。

以遂溪县第三中学"云教室"平台为例，学业评价系统的三个模块实时记录了学生整个学习阶段的学习情况，包括出勤签到、作业提交、评价交流、基础知识测试等综合数据，根据一定的计算公式，最终汇总成学生的学科成绩，形成学生在信息技术学科的综合评价。

1.电子签到

"电子签到"模块主要记录学生每节课出勤情况，体现学生的学习

态度，是学生投入信息技术课堂学习的保障。

2.作业空间

"作业空间"主要存储学生每节课的作业，是学生学习过程的忠实记录。学生和教师可以对学生的作业进行多元评价，这是学业评价系统进行过程性评价的核心。

"作业空间"为每位学生建立独立的文件存储空间，只有登录才能上传和下载。每一次教师布置的作业完成之后，该作业清单便会列入"已完成作业"栏，并且获得完成作业的提示和积分，甚至荣获"作业达人"荣誉称号。若某次作业没完成，该作业清单会一直留在"未完成作业"栏，对学生有警示作用。此外，该模块带有自动检索未完成作业名单功能，直接显示在教师页面的"学生作业"清单旁边，教师可以"一键提醒"学生按时交作业，也可以将其作为期末综合评价的一个参考指标。

"作业空间"除了存放学生作业以外，还提供了多元评价功能。学生可以在作品下面进行自评，教师可以对学生的作品设置为优秀，也可以进行具体评分和个性化评价，如果想获得来自同学的评价，则要将作业设置为展示。不管自评还是评价他人，都能获得鼓励积分。被教师评为优秀的作业，不仅有系统提示，还会有代表优秀标志的皇冠印章显示在学生作业上，同时有较多的积分奖励。每一个积分都代表着学生付出的努力，是学生能够看得见自身努力的量化结果，对学生持续学习有积极的推动作用。

3.课堂测试

"课堂测试"可以用在课堂上进行在线测试，实时检查学生的学习效果，能够从中发现全部学生对知识掌握的情况，对于信息技术理论基础的测试尤为合适，是过程性评价中有终结性评价性质的一部分。

与传统的测验相比，课堂测试可以在学生在线提交答案之后立即得出成绩。学生随后可以参考正确的答案，教师可以统计分析每道题的正确率，及时反映学生达成教学目标的情况，为矫正性教学的实施提供依据。

## 四、基于学业评价系统的信息技术课堂教学评价实践

通过调查问卷和实践考试对遂溪县第三中学高一学生进行摸底，从20个班中选取成绩和学习兴趣相近的10个班级。随机选取5个班作为实验组，5个班作为对照组。对实验组实施利用学业评价系统进行过程性评价，对照组则采用常规教学（平时将作业通过"云教室"的发送文件功能将作业提交到一个文件夹里由老师检查，期末进行总结性评价）。期末通过教学观察、调查问卷和实践考试，分析学生的学习兴趣、学习能力、实践能力等。分析数据得出结论，总结基于学业评价系统的教学评价模式的实施效果。

以高中信息技术必修一《数据与计算》的第一章《数据与信息》为例，说明基于学业评价系统的过程性评价实践过程。《数据与信息》以"体验多媒体作品的数据与信息处理"为项目学习的主题。在这个项目里，每个成员都需要独立完成实践任务，通过作业空间提交作业。本章理论知识比较多，在理论知识讲解时安排在线课堂测试。

### 1.课堂签到

预备铃一响，教师启动电子签到程序，学生输入姓名和密码，登录成功之后相当于进入"云教室"，在教师端可以看到学生的名字、座位和桌面，学生端有提示学生是第几个签到，并有积分累加，强化学生签到的积极性。如果没有在上课铃响起之前登录系统完成签到，系统会登记缺勤学生信息，并在学业评价系统上有相关的记录和提示。这样一来，学生一登录系统便能对自己的出勤和学习情况一目了然。因此，电子签到模块是对每一个学生投入信息技术课堂学习的保障。

### 2.课堂测试

在讲解有关理论知识的时候，长时间控制学生机容易导致学生走神，适时使用在线课堂测试功能，既可以及时将学生的注意力抓回来，又能够了解学生的掌握情况。

如，在讲解数据编码时，教师就将核心知识点整理成几道测试题，通过"课堂测试"功能，让学生在学生机上作答，教师从教师机可以查看学生答题情况，发现有两道题的正确率不高。教师重点对这两道题进行了集体点评。课后教师对其他错误进行了个别指导。课堂测试模块不仅及时快捷反馈学生的学习情况，也进一步突出了教学重点，为解决教学难点提供了实例。

### 3.提交实践作业

在该项目学习中，学生需要完成体验制作多媒体作品实践作业，经历数据的获取、加工、发布过程。

根据教师布置作业要求，学生在小组互助学习模式下进行探究学习，然后完成实践作业，通过"作业空间"模块提交，获得完成作业积分。教师通过该模块查看未完成作业名单，"一键提醒"学生按时交作业，鼓励学生将作品设置为"展示作业"。

### 4.作业评价

作业提交成功后，学生即可以对作品进行自评、他评。在课堂教学的最后5分钟，教师选择三两份作业进行当堂点评，给学生一个评价的初步印象，让学生把握评价的标准。由于课堂时间的限制，有些学生不能当堂实现交流互动和评价，可以在下节课签到至上课前的自由时间进行。不管是自评、他评，都是对学习的提炼和反思，有助于提升学生的信息能力，通过交流互动，也有益于加强同学之间的情感沟通。

教师的评价主要在课后。可根据实际情况评出优秀作品，也可以进行具体评分和个性化评价。教师的评价，直接通过学业评价系统反馈给学生，对学生的学习积极性起着持续的推动作用。

## 五、基于学业评价系统的信息技术课堂教学评价实践效果

经过一个学期的实践，通过调查问卷和实践考试以及观察分析等多种渠道，对实验组和对照组学生的学习兴趣、学习能力、实践能力以及

课堂教学效果进行对比分析，认为基于学业评价系统的过程性评价对课堂教学效果有较好促进作用。

### 1.激发了实验组学生的持久学习兴趣

使用学业评价系统一段时间之后，通过观察记录，发现实验组学生的学习积极性明显提高。玩游戏、聊天这些行为基本没有了，不少学生来到机房的第一件事就是打开学业评价系统，对他人的作业进行评价，也查看自己的作业情况，或用积分买虚拟礼品送教师或同学，十分投入。相比之下，对照组的学生变化不明显。

从问卷调查结果来看，实验组有超过90%的学生认为对信息技术课的兴趣提高了，其中有近60%的同学完全认同；对照组的学生只有接近一半的学生认为对信息技术课的兴趣提高，且完全认同率低于20%。基于学业评价系统的过程性评价有助于提高学生的学习兴趣。

### 2.提高实验组学生的信息应用能力和学习能力

学业评价系统是基于网络的一个学习过程管理系统。不管是作业上传，还是交流评价，都是基于网络环境下，每次对学业评价系统的使用，无疑是让学生处于信息技术的应用环境中学习信息技术。通过几个月时间，可以明显看到实验组的学生信息能力普遍增强，不少学生由原来的"笨手笨脚"，变成了今天的"炉火纯青"，实验组学生的学习能力提升明显。

通过对比实验组和对照组的数据，容易看出基于学业评价系统的过程性评价更有利于提升学生使用信息技术的能力，对学生的学习能力的提高具有促进作用。

### 3.提高实验组学生的课堂教学效果

从学生作品完成的情况来看，两个组不论在作业的完成数量还是作品质量上都有较大的差距。由于实验组学生在长期的自评、互评训练下，对作品的鉴赏能力有较大提高，大部分学生的作品质量高，并且作业完成率高。而对照组学生的学习相对随意，学生对好作品的标准不熟悉，对于是否完成作业没有强烈的欲望，只是凭经验和感觉去做，对照组学生作品的完成数量和质量远远比不上实验组。

从学生的实践考试成绩分析来看，不管是平均分、优秀率，还是整体成绩，实验组均优于对照组。

由此可见，在教师的引导下，学生可以在基于学业评价系统的交流评价中学习他人的长处。而评价中对学生的肯定，增强了学生学习的兴趣和信心。教师评价反馈及时，能够使学生不断纠正自身的不足，这些都有助于学生成绩和能力的提高。同时，学业评价系统的使用促进了师生的交流，也拉近了师生的距离，师生之间形成了良好互动，这无疑会提高教学质量。

## 六、结语

学业评价系统记录了学生学习的整个过程，学生的表现和学习成果被及时记录入库，成为学生综合评价的原始数据。一个学年，甚至更长的时间下来，一个完整的学习档案就形成了。学生可以随时查看自己的学习表现和学习成绩，也可以浏览评价他人的作品，还有自己在学习过程中形成的感悟和反思，形成了一个对学生有激励作用的氛围。

实践表明，学业评价系统学习数据的生成过程，是互动性的教学评价过程，也是学生进一步生成知识与技能、培养情感的过程，更是学生成长的过程。在这个过程里，教师担负着引路人的角色，引导学生所作的每一次努力，都会产生相应的结果，学生会根据这些结果来重新调整自己的学习行为，于是再产生新的结果。正是这种良性循环——基于学业评价系统的过程性评价，促进了学生学习的主动性和积极性，极大地提高了课堂教学有效性。

（本文写于 2022 年）

# 谈信息技术学科教学评价

湛江市作为广东省经济欠发达地区，由于各地中学信息技术学科发展不平衡、硬件配置不达标等，近几年来没有进行过全市信息技术学科的统一考试评价。不少学校和个别县实行了小范围统考。现就了解的情况，谈谈个人的看法。

## 一、中学信息技术学科统一命题考试的目的

新课标实施后，中学信息技术学科的评价建议综合运用各种过程性评价方式，全面考查学生信息素养的形成过程。

当然，过去一些小范围统考注重了结果的评价，将注意力集中在学生对问题的解答上，忽视了学生在解决问题的过程、思考问题的方法、认识问题的态度等潜在因素，其结果是引导学生只注重学习的结果而不关心学习的过程。

所以，湛江市部分地区和学校实施的统一考试只是作为学生学习结果的一个考查部分，应该结合学生的平时表现和平时成绩给学生的期末成绩。

湛江市的遂溪县从1999年施行全县的高中信息技术学科的统一考试（采用纸笔型总结性评价）。这种地区性统考还是有一定好处的。

第一，促进学校"开足课"。遂溪县的普通高中信息技术学科统考，

使全县的普通高中从1999年开始高一、高二都开设信息技术课，并且按照《普通高中信息技术指导纲要》的要求开足课（每周2节），使遂溪县中小学信息技术教育走到湛江市的前列。

第二，促进学校"开好课"。通过统考成绩的分析，提高了学校、教师、家长和学生对信息技术学科的重视。开课不是应付督导评估等方面的检查，而是考查学生的学习状况、教师的教学水平等。信息技术学科在学校的地位得到相应提高。

第三，促进教师"自我提高"。信息技术学科是一门知识更新较快的学科，不少教师原有的知识需要不断更新和补充。通过统考构建一个评价的平台，使教师通过学生的考试成绩分析了解自己教学中存在的不足，有目的地进行自身知识体系的更新和补充，不断适应信息技术学科的教学要求和提高教学效果。

在进行信息技术教学评价时，有时需要把测验、上机操作成绩、作品制作、研究性学习报告等各种类型的评价结构合并起来以获得一个合成分数，据此进行等级评定。在进行评价结果的合并时，不能简单将原始分数直接相加，而应按照每个数据在总成绩中的相对重要性而为每个数据赋予一定权重，然后根据各个数据的权重，利用科学的数据合并方法进行数据合并。

对湛江市部分地区的信息技术学科统考和学校的纸笔型表现性评价进行调查后，发现在考试中要注意解决好考试与学生学业成绩的认定问题。不少学校的信息技术学科有期末考试（纸笔型总结性评价），但考查归考查，有的学校考试后成绩仅仅作为参考，不与具体成绩挂钩。有的学生考试分数很低，但最后的成绩册上还是及格。这样只能使部分学生对信息技术学科重视，难以达到使全体学生全面提高信息素养的教学目的和考试目的。

如果新课程标准实施下广东实验区对信息技术学科设立全省统考，就要足够重视，使统一命题考试在学生的学分认定和毕业等方面占有一定的权重。这不仅使学校开足课、开好课，促进教师自身学习，还使全部实验区内的全体学生信息素养得到全面考查。

## 二、信息技术学科统考方式的探讨

信息技术学科的总结性统一考试的理想化的角度是进行无纸化的网络考试（可参照计算机等级考试的方式）。无纸化的考试解决了考试过程中工作量大、效率低、反馈周期长、资源浪费等缺陷，符合信息技术学科的特点。

但是，就湛江市目前的情况来看，要实现网络化的无纸考试还有一定的困难。因为机房的人机比率未能达到网络化无纸考试的要求。同一时间内使全市同一年级的所有学生同时考试，是比较困难的。即使是一些条件较好的学校，也无法达到要求。要实现网络化的无纸考试，就必须设立一个足够大的题库，学生在考试的时候从题库中随机抽取题目，这样就能保障考试的公平性。

纸笔型总结性评价强调对学生在模拟情境中应用知识技能的评价。纸笔型总结性评价既可用于某些阶段性学习的评价，又可以作为真实表现评价的中间步骤，在很多情况下，纸笔型总结性评价可产生有重要教育价值的成果并能对这些成果进行评价。当然，单纯性的纸笔型总结性评价，就信息技术学科来说，还是存在一定缺陷的，但它解决了硬件设备不足的困难。就湛江市近年来的地方性和学校自己的命题考试来说，多采取纸笔型总结性评价的形式。在期末的统一时间，一县或一校的同一年级的学生同时进行信息技术学科的笔试，这样虽然没有充分体现学科的特点，但是它能保障考试公平、公正地进行，为小范围内的分析评价提供准确的数据。当然，最后学生的学业成绩是通过纸笔测试和上机测验相结合而开展总结性评价的。

湛江市有的学校采用上机测试与纸笔测试相结合的方式来考查学生的学习情况。上机侧重点在技能，笔试侧重于知识、综合分析、评价。按一定的比例（如3：7或4：6）来打分。上机考查可以用一些灵活性较大的题目，或者是题库中的不同题目，不一定需要同一单位时间内所有学生一起考试。

湛江市遂溪县近年来进行的信息技术学科的统考，每次都对考试的成绩进行分析，充分了解学生的情况，并反馈给教师，让教师改进教学方法，提高教学质量。

部分省往年信息技术学科也采取了会考的方式，可以借鉴。

### 三、信息技术学科统考命题的方向

基础教育明确提出将知识与技能、过程与方法、情感态度与价值观作为人才培养的三大维度，这同样是信息技术建设的三大维度。在教学和评价过程中我们要注重考查学生的这三个目标。

三个目标中情感态度与价值观的评价，就总结性评价而言，实践证明难以实现，至少在具体操作上有非常大的难度。可以考虑三个层面的评价目标：一是具有信息技术的基础知识；二是具有操作和使用信息技术工具的能力；三是具有应用信息技术解决实际问题的能力。

命题的方向充分体现新课程标准的理念。要有助于学生素质的全面发展，着眼于充分了解学生；帮助学生增强信息意识，认识自我，建立自信；关注个别差异，了解学生发展中的需求，发现学生的潜能，发挥评价的教育功能。

当然，在命题的方向上，我们要坚持以培养学生的信息素养为第一位。既要防止在"技术"方面的命题走得过远、过偏，也要防止教师和学生过分忽视"技术"在信息技术学科中的地位。在命题方面，要强调全面性，防止造成"考试考什么，教学就教什么"的局面。如果是网络化的无纸考试采用大型的题库来考试的方式，试题库中要有足够数量的题目，防止用出偏题、难题和怪题来"凑数"的情况。

笔试形式，可以给出一个案例，让学生分析其信息处理过程或获取方法。选修模块要注重知识点，不可缺少选择题、填空题等传统考试题型。

机试形式，侧重技能与方法，设计一个综合活动形式，注重学生完成作品的过程，运用技术的能力。

因此，在命题方向上要做到：全面考查信息技术基础知识；加强考查学生操作能力和应用信息工具进行信息处理、加工方面的能力；内容丰富，加强考查学生应用信息技术解决贴近生活贴近时代的实际问题的能力；注意把握试题的难易程度，要使试题面向全体学生；题型丰富，如选择题、判断题、看图题、简述题、操作题、设计题等。

（本文写于 2001 年）

# 2016年湛江市小学信息技术高效课堂教学比赛点评

本次小学组的高效课堂比赛继续延续了高中组、初中组的"基本能力测试+赛课"的模式。其中基本能力测试满分20分，12位参赛选手中最高得18分，最低得8分。在最终计分环节，评委组对于基本能力测试成绩做了灵活折算处理。鉴于湛江市的实际情况，与全国赛相比，测试题目难度大幅度降低，旨在引导我们小学信息技术学科教师加强学科理论及专业技能的强化学习，重视个人技能和专业素养的提升。湛江市教研室于2016年1月组织的教学质量专项调研抽测以及4月组织部分小学老师远赴东莞跟岗培训学习，都是基于这个出发点，希望作为基础教育中重要一环的小学信息技术教育能切实开课、开足课、开好课，同时通过跟岗学习近距离地深入，接触先进地区的学科教育理念及经验，促进湛江市信息技术学科教师的快速成长。

选手们大多能够把新课标的理念融入课堂，践行新课程以学生为主体的核心理念，把学习的主动权还给了学生，体现了学生的主体性，很好地体现了"全员参加、师生互动、自主探究、合作交流"的特点。选手们在小组合作学习方面作出了许多有益探索，调动了学生学习的积极性和主动性。

选手们的个人基本功扎实，教态、语言等都是值得我们学习的。我们小学教师或生动或干练的语言功底展露无遗，尤其是李炳霖老师的教师专业素养及个人魅力给评委组留下了深刻印象。

令人欣慰的是，选手们在本次比赛中反映出了良好的教学思想，课堂教学的新理念已实实在在在我们小学学段一线教师的课堂教学中得到了体现和贯彻。

下面谈七点感受。

## 一、趣味性

小学生天性好玩、注意力容易分散、自制力不够强，学习动机主要来源于学习兴趣和求知欲。如果授课教师不能结合其心智特点设计课堂教学内容和形式，在课堂趣味性方面功课不足，就会导致学生对教学内容的不感兴趣，从而失去参与课堂活动的积极性，课堂自然难以高效。这可能是本次赛课中无论是评委组还是听课老师总体感觉偏"闷"的一个原因。所以教师应重视挖掘信息技术课堂的教学内容和教学形式，激发学生的学习兴趣，抓住学生的注意力，提高课堂效益。

## 二、学情分析

学情分析是教学目标设定的基础，只有真正了解学生的已有知识储备、经验及心理认知特点，才能针对性地设置教学内容的重难点，做到有的放矢。否则就有可能出现本次比赛中暴露出来的人为压低或是拔高学生的认知水平，有的学生"吃不饱、不够吃"，有的学生"食之无味"，有的学生"吃不动"。特别是对于赛课而言，在当地上得好的课，是不是换个地方一样能上好？如果教学效果反差巨大，原因何在？这是值得选手反思的。

## 三、教材

对比高中教材，我们发现初中及小学信息技术教材开发设计得具有很好的操作指导性，但是从辩证的角度分析，直接导致部分赛课教师完完全全是在"教教材"，而不是"用教材教"。教材的编者在设计开发一套教材时针对的对象往往是一个省至少是一个市的师生，具有广泛性，加之时空在不断发展，试问："照本宣科"还适不适合我们所面对的学生、我们所处的时空？所以教师应当尝试整合与开发教材。

## 四、预设与生成

部分教师在赛课中过于坚持"预设至上"，导致教学过程单薄、机械和程序化，课堂沉闷。

当学生超前完成课堂任务时，教师还在要求"请同学们跟着老师的节奏走"；当学生在作品中出现了任务要求之外的操作时，教师视而不见，要求遵循"标准答案"；当出现类似"软件更新进度"等出错提示时，教师避而不谈……这些课堂中生成性的问题被忽略，教师仍然按照"预设"赶进度，最终留下一堆未解决的"真实问题"，导致学习效果"模仿有余，创新不足"。

特别是此次面对24名学生的小班制课堂教学比赛中，其实教师应该能够更好地做到关注学生、关注课堂中的生成性问题，寻找学生的创意，提升学生的自豪感和自信心，用教育的智慧去引导学生解决"预设"之外的生成性问题。

## 五、选题

本次赛课选手们的选题基本上集中在 Office 套件家族，主要以文本加工、表格数据处理和"广东风情游"PPT的形式展开。这些涉及常用办公软件的选题可能是教师能轻松驾驭的，但是新意欠佳，时代性体现不够。特别是对于赛课而言，是不是可以考虑选择其他课题，譬如Scratch编程、手机编程、Flash动画等？

## 六、细节

　　教学活动由一个个细节构成，精心准备的课往往是因为注重细节而成就了课堂的精彩，而细节表现得好与坏也直接影响到评委对一堂课的认知与评价。

　　林泉钱老师的一句"请同学们放下鼠标，用心听其他同学的演示，要尊重他人"，将尊重他人的情感意识教育渗透于细微处；阮荣华、彭艳玲、林泉钱老师课堂任务环节的背景音乐营造出轻松温馨的学习氛围；李炳霖老师驾驭教学控制软件的"电子举手"功能，让学生从细小的举手这个动作切实感受到技术的魅力；李文香老师的手机控屏、教学评价的用心设计，既让学生感受到技术的神奇，又达到了有效的教学评价……

　　相反，一些课堂中出现了给学生准备的学习资料凌乱无序，素材图片直接下载而没有规范命名，可能就不能很好地给学生传递良好的信息技术使用习惯；教师的一些学科术语使用不当、不规范，难免给人留下不专业的印象；教学设计排版的美观性、专业性体现不够；三维目标书写不规范，甚至出现四维目标……

## 七、板书

　　比赛期间，QQ群同步直播的互动中，有教师提出对粘贴式板书的疑问，评委们也有类似疑惑：信息技术课到底要不要传统的板书（包括粘贴式板书）？在基础教育的所有学科中应当最能体现技术价值及先进性的信息技术学科教学中，传统板书到底要不要？这留给大家分析。

　　经历了磨课、试课、质疑、研讨、改进，12位选手为本次小学组的高效课堂比赛付出努力。这个过程促使我们教师深入思考、反复钻研，最终提升教学质量。

（本文写于2016年）

# 2016年湛江市初中信息技术高效课堂教学比赛点评

参照全国赛的模式，在之前举行的高中组和本次的初中组的信息技术高效课堂比赛中均加入了基本能力测试环节，打破了之前纯赛课的形式，强调了教师理论素养和专业技能的重要性，希望对湛江市的信息技术教师能起到导向指引作用。

基本能力测试环节满分20分，11位选手中最高得20分，最低得12分。此次测试题目，与全国赛比较而言，难度系数已大大降低，但是令人遗憾的是，仍有一些教师得分较低，其中不乏一些赛课环节表现非常好的教师，基本能力测试环节的得分较低影响了最终的比赛名次。希望借此能引起信息技术教师的注意，在繁忙的工作之余，要加强学科理论素养及专业技能的学习。

## 一、亮点

1.创设合作探究空间，学生主体地位回归

11位选手都能够把新课标的理念融入课堂，践行新课程以学生为主体的核心理念，同时凭借各自扎实的基本功把三维目标整合到课堂教学过程当中，把学习的主动权还给了学生，体现了学生的主体性。11节课均很好地体现了"全员参加、师生互动、自主探究、合作交流"的特点。

具体表现为以合作探究为核心，采用分组、积分竞赛、奖品激励、实物教具、真人秀等方式，授课教师将自身转变为引导者、主持人的角色，从旁引领、掌控。整个教学过程是学生与教师事先准备好的学习资料、学生与学生、学生与老师的交流对话过程，学生的个体地位得到充分体现，个性得到充分释放展示。

### 2.精心编织教学主线，教学内容有序衔接

教学主线统领整节课的教学，对于教学高效性的落实有直接且重要的影响。经过深思熟虑、精心优化过的主线设计体现了授课教师对于课堂内容的宏观把控能力。

黎招准老师的《神奇二维码——小方块显神通》、陈华英老师的《引导层——回家》、陈富老师的《用电子表格自动计算》、黄誉平老师的《用图表分析数据》等课都很好地体现了教学主线的精心编织，教学内容前后衔接、一脉相承、层层推进。尤其是杨海娟老师《体质指数分析》一课，以体质指数为对象，通过"提出问题—搜集数据—整理数据—分析数据—研究报告"这一主线，很好地统领了整节课的教学。

### 3.注重素养意识渗透，学生能力有效提升

课堂不是以"学会"为唯一目的，终极目标应当是学生学习能力的培养和综合素质的提高。"教书育人"这一宗旨，终归要落到"育人"上。

陈富老师课堂中渗透出来的"关注时事"、陈华英老师课堂中的"打拐、生命意识、社会责任感"、黄誉平老师课堂中的"审视饮食习惯，关注健康"、黎招准老师的"信息安全意识"、黄艳华老师的"关注新闻、爱家情怀"等都给听课的学生、教师和评委留下了深刻印象。这种"润物细无声"的素养意识渗透，是对"育人"的很好体现。

### 4.用心优化教学资源，课堂效益有效提高

教学资源是教学过程中可利用的一切支撑教学、服务教学的要素。

从本次比赛中可以看到，11位选手在教学资源的准备方面可谓用心良苦。选手们用心准备的教学支撑网站、导学案、平板电脑、教具等资

源都很好地发挥了作用，有力提高了课堂教学的效益。黄卡丽老师在《小海龟画正三角形》一课中借助学生"真人秀"将抽象的程序设计的理论知识化为学生的感性体验，黄碧含老师在《Photoshop的图层》一课中利用透明胶片模拟图层，黎招准老师借助平板电脑实时同步展示学生的活动结果，陈华英老师借助彩带等讲解引导线相关知识，陈兆文、李彩梅、余文超等老师的导学案，等等，都促成了课堂教学效益的提升。

5.展示专业技能素养，教师风采充分彰显

参赛的11位选手基本功都比较扎实，充分展示出一名教师应该具备的专业技能素养，也彰显出各自的风采与魅力。有语言精练、言简意赅的黎招准、杨海娟、陈兆文老师，有温文尔雅、睿智谦和、言语中富有启发性的陈富老师，也有小家碧玉、语言温柔生动的陈华英、黄碧含、黄艳华、黄卡丽老师，还有言语中不乏俏皮可爱的黄誉平老师……各位选手教态自然，举手投足尽显专业素养、个人魅力。

尤其是陈富老师宁可牺牲有限的教学时间，冒着不能按时完成课堂教学内容的风险，允许学生充分表达自我，这一点难能可贵，充分体现了一位教师对于学生的尊重，对于学生个体的关注和保护。

## 二、问题与建议

### 1.学情分析有待深入

学情分析是教学目标设定的基础。只有真正了解学生的知识储备、经验及心理认知特点，才能针对性地设置教学内容的重难点。特别是对赛课而言，地区不同，学校不同，学生不同，学情肯定是有差异的，甚至可能差异巨大。学生是否具备所要讲授的课程相应的知识储备，他们的经验、技能到什么程度，这都是我们在上课前要掌握的。

本次比赛，有个别课的学情分析不到位，既有知识内容方面的，也有心理认知角度的，直接导致教学目标定位有偏差，学生对于教学内容不感兴趣，不能很好地激发学生探究学习的欲望。

2.对于"预设"与"生成"关系的把握不够灵活科学

赛课多是教师千锤百炼磨出来的,很多教师不希望有"预设"之外的"意外"发生。对于课堂上出现的问题,有些教师不敢也不愿去挖掘,或回避,或避重就轻一笔带过,这样的课显得过于"程序化、表演化"。

初中生天性活泼、思维灵活、好奇心强,难免会有"意外"发生。而面对"意外",授课教师的反应和表现会直接影响评委们的评分。我们要思考:是不是一定要跟案例一模一样才算正确,是不是一定得有标准答案……个别课堂上我们发现教师可能为了赶进度,忽略了还有疑问的学生,有一名学生的手举了至少四五分钟,可是仍然没能得关注。相反,陈富老师和杨海娟老师在他们的课堂上关注到这样的学生,充分给予学生质疑和陈述见解的机会,很好地展示出教师个人的掌控能力和智慧。在课堂上有了师生之间真实的情感、智慧、思维、能力的投入,这种生成性的课才是我们所期待的。

3.教学评价的有效性有待落实

教师评价用语有待优化。针对学生在课堂教学中的表现,不少教师的评价语言缺乏针对性,缺乏激励、缺乏深度,或重复学生的回答,或诸如"很好""不错""很有创意""这个图处理得很漂亮"之类,这样的评价单一、笼统,缺乏生机、嚼之无味。教师应在运用评价语言方面多下功夫。

评价标准缺失。评价标准不仅仅是给评委看的,教师更应引导学生参照事先用心准备的评价标准去对作品进行评价。这样学生结合自己课程学习中的所感所想在评价时才能做到有的放矢、有谱可依,才有利于学生系统地认识事物,促进学生成长。

4.重知识、技能目标,轻过程、情感目标

教育教学活动不仅仅是知识传递和技能培养的过程,一定意义上更体现为情感体验过程,这也是新课标的要求。个别选手的课堂过于强调知识与技能目标的达成,轻视甚至是忽视缺失了过程与情感的渗透。特别是有些课堂中堆砌了丰富的演示案例，有丰富的知识内容、好玩易上手的操作技能，但它们都是离散的、碎片化的，最终知识目标、技能目标达成了，但情感和过程的体验是空白的。其实，稍加考虑，选用一个主题将这些离散的知识技能串联起来，三维目标便能很好地融合体现。身处信息时代，我们的学生需要这样的课堂，需要这样的老师。

5.教学艺术性不足

有些选手的课件、设计的网站、教学设计、导学案等，艺术性欠佳。

6.掌声过多

赛课上，教师们为了营造气氛，调动了很多次掌声，当然有其正面的作用和意义。但总有过犹不及的感觉。我们希望在以后的课堂中能听到更多的发自肺腑的会心的掌声，希望师生一起营造出温馨和谐的高效课堂。

192

## 三、结语

有人说，教学是一门遗憾的艺术，任何一节课都不是完美的。比赛结束后，选手们都有或多或少的遗憾，恰恰表明教师追求完美的进取之心。对于每一位经历过赛课的教师来说，其中的艰辛、痛苦、压力与付出是常人所无法想象的，准备的过程漫长而煎熬。但是这些煎熬是值得的，相信每一位选手在本次比赛之后对于高效课堂、对于教学、对于教育的认识，都会有一个质的提升。

（本文写于2016年）

# 关注学生，做好教学设计

## ——点评张玉明课堂教学

2005 年张玉明老师参加广东省普通高中信息技术课堂优质课评比活动，获得一等奖第一名的好成绩。我觉得主要做好了以下几个方面的工作。

## 一、案例设计

我们所用的教材只是课标的一个体现，因此我们不能生搬硬套教材中的例子，而是要因地制宜，选择甚至创造适合学生情况的案例。本课的教学目标是使学生学会将获取到的信息用 Excel 软件加工成用图表形式表达的信息，在此过程中提高学生表达与交流的能力，对信息及信息活动的过程、方法、结果进行评价的能力，发表观点、交流思想、开展合作并解决学习和生活中实际问题的能力。根据这一教学目标，张老师灵活地处理了教材，在不改变课程内容标准的基础上，改变了作为引入部分的教学案例：由于比赛地不是湛江，而是东莞，东莞作为经济发达地区，对商业活动尤为敏感，因此张老师设计以商品销售为例，首先向学生展示一段罗列某音像商店 2004 年前 8 周 4 种唱片的销售情况的杂乱无章的文字信息，继而提出问题：如何将这段凌乱的数据转变为有序的信息？由于学生在以往的学习中已经有了表格这个概念，学生很快可以回答出将这些文字信息转换成表格信息，紧接着展示直观表达信息的方式——图表，以形式多样、外形美观大方的图表将销售情况一目了然地呈现在学生面前，学生立即有了探究的欲望，从而自然地引入新课教学的第一阶段——自主探究"如何建立图表"。在这个引入过程中，紧密联系了日常生活，呈现给学生的是学知识、用知识的一面，激发了学生的学习兴趣。至于教材中的例子，我们也不是一概不用，现行教材中的案例我就觉得挺适合湛江市学校情况的。

## 二、自主学习

关注每一个学生的发展，是本次课改中每一个领域、每一个科目、每一个模块都应该渗透的思想。因此，在本课"自主学习"这一环节的教学中，张老师采用了分层教学，做了多手准备，既为没用过表格加工软件的零起点学生准备了建立单一统计图表类型的纸质操作步骤，又为中等水平学生提供了建立多种形式统计图表的学习网站，还为起点高的学生准备了扩展性问题，如"如何改变图表的位置和大小""如何美化图表"等。在这个过程中，既关注了零起点的学生，又促进了个性学生的个性发展。之所以用纸质操作步骤，是因为当时学生没有相应的教材——如果有的话，还是用教材好，有时候会忽视教材的作用，没有强调学生一定要带课本上课，导致学生误认为信息技术课就是"课外活动"。

但是自主学习不等于自学。从学习过程来看，学习者、教师是两个能动的人的要素，知识是重要的载体要素。教师的要素不仅因为在情感方面支持着学习者，也因为由教师自身知识、经验转化来的智慧而凸显其重要性。在自主探究阶段，没有忽视教师的主导作用，对于学生在探究过程中出现的个别问题从旁加以提点，共性问题则用广播讲解。东莞的学生基础较好，对于从网上下载文件都得心应手——如果是经济不发达地区的学生，可能要把这作为共性问题进行广播。而东莞的学生普遍存在的问题是在建立图表的步骤二过程中不知道如何选择数据源，因此，学生自主探究完后，张老师请学生来演示，目的就是把这个共性问题通过学生之手向大家展示，然后教师说出解决的方法。

学习资源的建设也是很重要的。落实了学习者主体地位、充分激发了学习者主动性的开放课堂中，学习资源起到引导学习者主动学习行为的作用。因此学习资源只要能起到辅助学生学习的作用就行了。如果我们本末倒置，把备课的重点放在学习资源的优化上，把学习资源弄得花哨，我们不但要花很多的时间在学习资源的建设上，而且这样的学习资源势必分散学生的注意力，使得好奇的学生转移学习目标，主次不分，或许转而研究网站是如何建设的了。这节课的学习资源网站的首页就是一个简单的目录式框架结构，分为4个子目录，也就是4个教学环节，没怎么装饰，但是一目了然，其他教师拿到手也可以用。至于具体内容，如自主探究图表操作步骤，考虑到学生是自主学习，这方面尽量详细，使学生一看就明白。

信息素养就是信息技术素养。信息技术应该偏向技术教学。信息技术教学不可忽视技术能力的培养。这节课教学技术层面的知识点是：统计图表的建立。学生上完这节课之后，对这个知识点也就不陌生了。

## 三、综合实践

在本课教学第二阶段中，要学生掌握信息载体形式的转换，如果这个阶段还是单纯由教师指定一种特定的信息，那这个过程肯定是比较枯燥而又没有新意的。为此，张老师不断地寻找发光点、突破口，几经周折，终于想出了这么个点子：既然比赛地是在东莞，就设计与东莞有关的综合实践活动，既可以完成教学目标，又能让大家更加了解自己的城市。

在教学方法方面，张老师考虑到第二阶段综合实践之后出来的学生作品结果较单一（都是图文），且工作量较大（获取信息—提取有用的信息—建立表格信息—转换成图文信息），因而采取了协作式学习：以两个学生为一组，二人分工协作，共同完成一份作品。

## 四、作品评价

第三阶段作品出炉后，首先安排的是小组互评，然后教师点评。

小组互评是这样安排的：各组派一名语言表达能力较强的同学做代表上讲台，一边讲解一边向其他组展示本组的成果。在这个过程中，张老师采用了讨论式教学方法，既发扬了学生团结合作的精神，又锻炼了他们文字组织能力、语言表达能力、交流能力，学生的信息素养也得到了提升。评价的最后一个环节是教师点评。这一环节往往很多教师会忽视掉，但它是非常重要的，它不是画蛇添足，不是简单重复学生评价，而是对学生学习效果的肯定。正确的评价起到画龙点睛的作用，有利于我们的后续教学，有助于发挥学生的创造能力、激发学生的创作兴趣，对提高教学质量有重要作用。我认为好的教师点评应该能指出学生所不能说出的作品的好，譬如看他们的作品想象力是否丰富、看作品能否给人以美感。因此，在学生的作品点评中，教师用了诸如"不错，很有创新精神"等称赞的词汇，学生期待自己的作品被教师点评和要再学习的强烈愿望被激起了。

总的来说，信息技术学科不仅仅是一门崭新的学科，更是一门具有很多不同于其他学科特点的特殊学科。由于信息技术学科教学发展缓慢，没有现成的教学模式，刚开始都是"摸着石头过河"，我们作为信息技术学科的一线教师，任重道远。但我坚信，只要我们认真对待每一节课，努力上好每一节课，不怕烦、不怕累，课后再做归纳总结，并将心得与他人交流共享，总有一天，信息技术学科将与其他学科齐头并进。

（本文写于 2006 年）

# 湛江市2018—2019学年度第一学期
# 七年级信息技术抽测分析报告

　　为落实《湛江市中小学教学监管工作方案》文件中的精神和要求，全面了解全市小学信息技术课程实施情况以及教学现状，按照市教研室的统一安排，于2019年1月9日，组织信息技术学科部分兼职教研员及骨干教师深入全市21所学校，通过笔试、机试、调查问卷、现场查验等方式对湛江市信息技术学科七年级的教学质量进行专项调研抽测。

　　现将调研情况汇报如下：

## 一、试题分析

### 1.命题指导思想

　　命题以体现学生的基本信息技术学科核心素养为宗旨。根据《广东省教育厅关于进一步推进高中阶段学校考试招生制度改革的实施意见》（粤教考〔2017〕15号）的要求，湛江市2018年入学的初中学生在毕业的学业考试科目中包括了信息技术学科。结合湛江市信息技术学科教学的实际情况，本次命题从湛江市现在使用的新世纪出版社出版的《信息技术》七年级教材的内容出发，考查基本的知识点。知识点基本上涵盖七年级上册的内容，包括电脑中的信息是如何表示的、将信息输入电脑、电脑是如何工作的、管理电脑中的文件、信息的安全与保护、用云盘存储文件、收发电子邮件等。

2.试题组成结构及特点

本次抽测试题分为笔试和机试两个部分。笔试为闭卷考试，考试时间为30分钟；机试通过学生的现场实操考核，考试时间为20分钟。总分满分100分，按百分制以笔试占75%、机试占25%形成最终抽测考核成绩。笔试部分设置了单选题8题共24分、多选题4题共16分、判断题5题共15分、填空题3题9个空共20分。机试部分一共2道操作题：第1题是让学生在word文档中输入一首唐诗，并按照要求进行排版；第2题是将第1题排版好的文档发送到监考教师指定的邮箱。

笔试题目以考查学生基础知识为命题原则，试题全面检测七年级学生对信息技术基础知识及相应技能的掌握情况。题目都是源于课本的基础内容，除多选题有点难度外，其他都是基础知识。机试操作题收发电子邮件是七年级上册第三章第六节内容，而word文档文本信息的处理是小学的内容，目的是考查学生的信息技术基础能力和学校是否按照国家课程标准正常开课。

总体而言，试题的特点注重基础知识（特别是重点知识）的考核。命题的依据是教学大纲规定的教学内容和要求。只要学校能够按照国家课程标准规定正常开课，基本上可以顺利通过考核。

## 二、抽测基本情况

本次调研一共抽测了湛江市21所学校的七年级信息技术学科，涵盖了市区12所学校和乡镇9所学校。其中，赤坎区、霞山区各2所城区学校，南三区1所乡镇学校，其余县（市、区）各1所城区学校和1所乡镇学校。一共有1022位学生参加了抽测考试，缺考4人。整体成绩偏低。

### 三、存在问题与原因分析

通过对本次抽测的情况进行分析，湛江市七年级信息技术教学主要存在以下问题：

1.教学质量偏低，与上次抽测成绩相比，有所下降

从统计数据来看，与2016年1月小学五年级信息技术抽测成绩相比，本次抽测分数普遍较低，总分、平均分、合格率均有所下降，反映出相当一部分学生对信息技术的常识不了解，课本上能直接找到答案的题目有很多不会做，表明常规课堂教育教学质量低下。

另外，面对简单的文字录入、排版和发送邮件的机试题目，机试的合格率不高，还出现部分学生没有个人邮箱的问题，说明个别学校没有按照国家课程标准进行开课，学生平常缺乏上机练习，机房的使用率低。

2.教学质量地区不均衡，校间差异明显

从学校来看，面对同样的试题，因为各个学校学生的差异而出现成绩上的差距是正常的、不可避免的，但是差距太大，还出现个别乡镇学校的抽测成绩远高于城区学校，不得不令人怀疑是否作弊，信息技术课程是否开设、教育部关于义务教育阶段信息技术教育的规定有无落实，尤其是一些学校和领导应该反思。

其中，本次考试成绩相对较好的学校有廉江安铺中学、南三德威中学、坡头区坡头一中、雷州市纪家镇第二初级中学等。抽测工作人员通过查看机房教师机与服务器硬盘上的数据，可以看到以上几所学校的教师机都有平常上课的教学资料如课件、学生作品等保存，说明这些学校正常开设信息技术课程。

3.部分学校设备陈旧，课本不足，维护与管理薄弱

为做好信息技术的抽测工作，我们抽派了21名兼职教研员和骨干教师到各个考试的考点担任巡考员，制订了专门的调查表格，让巡考员查

看各抽测学校的机房情况及开课情况。

抽测的大多数学校的机房都能满足教学的需求。机房都能做到干净、整洁，但是有部分机房无详细上机记录，部分机房存在着机器陈旧、网速慢等情况。个别乡镇学校的机房维护力度不够，出现了开不了机、学生二人共用一台机的情况。部分学校因为能用的电脑数量有限，学生不得不分批到机房上机考试。

据了解，现在的义务教育教材由新华书店配送，配送学校的信息技术教材数量不足。每所学校大概有三分之一的教材，不能做到每人1本。学校没有做到循环使用教材，不少学生没有教材可用。

### 4.学校不够重视，正常开课难以保障

抽测的大部分学校开设了信息技术课，但由于信息技术学科属于非考试科目，学校重视程度不够，课时难以保障。在《广东省教育厅关于进一步推进高中阶段学校考试招生制度改革的实施意见》（粤教考〔2017〕15号）颁布后，即使湛江市教研室信息技术学科召开了专门的培训会议，对文件进行解读，对教师进行培训，但是由于湛江市教育局没有专门下文，很多学校没有意识到2018年入学的学生在以后的高中阶段招生考试时需要有信息技术学科的成绩，未能保障信息技术学科的课时，信息技术课被减少、被其他活动取代的现象普遍存在，个别学校七年级还存在着2周1节信息技术课甚至不开课的现象。

### 5.学科教师缺乏专业意识，师资力量有待加强

从信息化1.0到信息化2.0，学校的信息化与学科的融合越来越深入。就湛江市情况来说，没有专门负责信息化方面的教师。不少信息技术学科教师都担任着学校信息化建设，工作量比几年前增加很多。不少信息技术学科教师缺乏信息技术学科的专业意识，未能备好课、上好课，上课随意，对信息技术教材理解不够，不能把握好课文的重难点。

如在七年级第三课《将信息输入电脑》一节中，有的教师按自己的理解和经验，让学生学习五笔输入法，要求学生背字根。按学生的实际情况，我们不难发现，其实学生运用语文拼读能力，使用拼音输入法已

能满足学习需求。强制性要求学生背五笔输入法字根，定性要学生使用五笔输入法，是没必要的。我们每位信息技术教师都应该更新教学理念，与时俱进，明确教学重难点。

6.学生信息应用能力不够强

巡考员反馈，个别考生在机试开始时打开音乐网站和耳机听音乐，不理会考试。

从2015年开始PISA 2015测试就采用了计算机模式测试，能熟练使用计算机是15岁学生的基本素养。但是从这次抽测的情况来看，被抽测的七年级学生的计算机使用能力还比较弱。考察试题中有些是基本的计算机试题，但是学生的操作很不熟练。就word文档的输入、邮件的收发来说，既是教材的内容也是学生使用信息工具的能力，但能正确应答的学生不到10%。

信息技术教师在上课时应该更多地联系生活，切实提高学生的信息素养。如多项选择题的第3题，问目前常见的即时通讯软件有哪些，很多学生用过QQ和微信，但他们不知道这两个就是"即时通讯软件"，所以很多学生不会作答。说明学生在日常生活中并没有足够多地参与信息社会的各种活动，或者可以说缺乏一定的信息意识和信息敏感性，无法做到学以致用。

## 三、对策与建议

1.增强意识，保障正常开课、课时及师资

一些学校及领导对于信息技术课程的开设缺乏重视，对于学生信息素养培养认识不足，对信息素养对其他学科辅助教学的作用缺乏远见。信息技术是影响学生未来学习和生活的得力工具，学校领导应充分认识到开设信息技术课程的重要作用和意义，加强对信息技术教育教学的管理。同时，学校应加大信息技术专职教师的配备，满足信息技术学科教学的要求和适应社会发展的需要，实施规范教学，避免乱开课、不开课、少开课或集中开课等怪现象的发生。

2.加强设备的使用、维护及配套，提高设备使用率

对于信息技术课程而言，必要的基础设施、基本设备是课程实施的物质基础。目前，湛江市基础教育系统的计算机普及率得到了提高，网络设施相应得到了健全，信息技术学科的教学有了基本的软硬件配备。

本次抽测中发现，仍有一些学校的新建机房纯属摆设，使用率低下，甚至有些信息技术教师表现出对于机房设备的操作不熟练，还有些学校的机房缺乏基本的维护保养。

3.加强管理配套工作，让教师回归课堂，提高教学能力

基于抽测学校的实际情况，一些学校的信息技术教师从事繁重的如电脑维护、机房管理、网络管理、电教设备维修等工作，甚至兼职摄像、拍照、复印打印、公开课的技术助理等"勤杂工"，极大地占用了信息技术教师的精力，影响了信息技术教师的专业发展及教学能力的提高。学校管理部门应加强管理配套工作，使信息技术教师得到"解放"，回归本真课堂，提高教学能力。

4.夯实学生基础，注重基本技能

教师课堂教学以课本为主导，但是一些基础技能，如打字、word、PPT等基本操作，每位教师都应该重视。作为信息技术学科一线教师，我们可以完全可以在课前5分钟要求学生练习打字，一个学期坚持下来，学生的打字水平就能得到显著提高。Office软件完全可以在课堂里让学生使用，相关任务完成后用Office软件形成报告再上交，学生在不知不觉中就会使用到基础软件。教师平时除了以课本教学为主外，要多思考，通过一些手段帮助学生把基础打牢固。

5.以信息技术学科纳入中考为契机，探索学科评价机制，形成常态化的抽测机制

对于传统学科而言，评价方式以中考、高考等考试形式进行，以检测教师的教学效果和学生掌握与应用知识的情况，目前已经发展成熟。但是对于信息技术学科而言，湛江市2018年入学的七年级学生高中阶

段招生考试将首次纳入信息技术学科的成绩。

此前湛江市信息技术学科没有行之有效的考核标准和较为健全的考核制度。从本次抽测各方的反馈来看，均比较认同抽测这种形式。通过抽测，可以起到督促学校重视信息技术学科教学开展及设备配套、更新、维护的作用。学校领导较之前对信息技术学科重视程度有所提高，大部分初中学校能正常开课，能保证每周一节信息技术课。但是，由于没有明确中考的具体分值，部分学校的领导还是对信息技术学科"进入中考"怀疑。为了解除疑虑，希望湛江市有关部门能及时公布具体考试实施方法与备考方案，明确信息技术学科的定位和中考的分值，让信息技术教师有底气。湛江市信息技术学科教研室应以此为契机，探索有效的备考方式，形成常态化的抽测机制，尽快促使湛江市信息技术学科由非考试科目向考试科目的角色转换，出台相关的文件，为相关学校信息技术学科教师开展备考工作提供强有力的制度保障。

（本文写于2019年）

第七编

课题论

# 信息技术学科一线教师开展课题研究的策略

随着时代的发展，随着对教师要求的提高，教师的专业发展中从教师能够写教学反思、教学随笔到写教育教学论文，现在对教师做课题的能力也提出了新的要求：参与课题或者主持课题。

作为信息技术学科教师，做怎样的课题？如何开展课题研究？根据近年来参与和主持的课题研究，我做一个总结。

## 一、选题与研究方向

选题是开展课题申报和做课题研究的前提。一个好的选题决定了课题能否申报成功或者能否顺利开展。一线教师经常会说"不知道做什么课题"，下面是我的几个建议：

1.做自己熟悉的、自己能做的

对一线教师而言，常用的选题原则是：结合自己的教学实际，与课堂教学相结合；对课题的选题不求"高大上"，而要"小而专"。现在教育行业或者信息社会每一段时间都有新生事物出现，但不少新的事物我们都能尝试。如大型语言模型"文心一言"，普通一线教师很难对其进行深入研究，但我们可以把"文心一言"用到教学中，开展如"'文心一言'在人工智能教学中的实践研究""'文心一言'在信息技术备课中的探索"等。

熟悉信息化建设的老师也可以申报一些有关教育教学信息化建设的课题，就自己平常有所涉及的、能开展的内容进行研究。避免申报那些需要一些先进硬件支持的或者是"区域性"的课题，因为一线教师很难有足够的经费来购买先进设备，也不容易组建大型的跨区域团队来开展研究。

2.课题的研究立足于课堂，紧跟课改的潮流

以前提任务驱动的教学法，新课程改革要求是"项目教学法"，教师在对项目教学法有了一定研读后，了解"任务驱动"与"项目教学"的共性与区别，然后结合自己的教学实际开展研究。

遂溪县第三中学信息技术组根据自己学校的教学实际，成功申报了市级课题"基于真实情境的信息技术微项目实践研究"。

3.课题研究的方向可以是信息技术学科教师在创客教育、人工智能等方面的研究与实践

湛江市第十七中学黄光宇老师成功申报的省级课题"基于PBL的中小学'轻人工智能'课程实践研究"，就很好地结合了他们学校中创客教育中的人工智能方向。

4.其他

有一些选题，教师能够接触与尝试，又具有创新性，之前有所了解却没有完整实施，也是非常好的。这些能很好地突出新课程改革的要求。

## 二、题名的确定

一线教师在填写课题申请书时，需要确定题目，通常不超过25个字。这有以下几个好处：

1.简写与缩写

由于题名一般不宜超过25个字，有时候需要对题目进行删减或者缩写，这样在申请书中就要对题目进行界定，详细说明课题研究的方向和

内容。

如湛江市寸金培才学校杨海娟老师的"基于交互式微课的ICS教学模式应用研究"，ICS教学模式使用了缩写，其内涵要进行界定。杨老师将"ICS教学模式"界定为"通过Independent learning（自主学习）、Co-operation learning（合作学习）和Share learning（分享学习）三步培养学生良好的学习习惯和学习能力的教学模式"，将课堂分为三个看似独立实际上相互联系的三个部分。这样一来，课题的研究方向和内容就清晰明了。

### 2.消除歧义

有些词语有多个含义。我们申报的课题具体是哪一个，这就需要对题目中的主要词语进行界定。

如"深度学习"，有可能指机器学习，也有可能指学生的学习，课题研究中具体指哪一个，要说清楚。遂溪县第三中学卢优莲老师的课题"基于深度学习的高中信息技术项目教学实践研究"，将课题中的"深度学习"界定为"学习者能动地参与教学的总称"。

### 3.范围清晰

很多题名没法体现具体的研究范围。例如，具体是"高中""初中"还是"小学"，或者"校际合作"究竟是哪几所学校，要在内容里对研究范围进行界定。

## 三、规划好课题研究时间

课题研究可以分为"准备阶段""实施阶段""总结阶段"。不少一线教师对这几个阶段的划分不是很清楚，在填写申请书的时候存在不规范的情况。

### 1.准备阶段

准备阶段是指准备实施课题的前期工作阶段，是立项通知书前的3—6个月。在准备阶段开展的工作可以是学习理论、确定选题、规划进度等工作。

2.实施阶段

实施阶段是指开展课题研究的阶段，是从立项批准到总结前的时间段。在这个阶段内，课题组成员结合研究目标，按照规划的研究内容，进行研究。

3.总结阶段

总结阶段指申请书里制定的研究时间的最后3—6个月，主要是进行资料整理、撰写论文、推广成果等。

## 四、课题研究的目标与内容

不少一线教师会混淆课题研究的目标与内容，开题报告的"内容"照搬了立项书的"研究目标"。这两者是有区别的。

课题研究的目标是课题研究的最终成果，一般用一句话就可以描述。课题研究的目标是通过系统性分析，对某个特定领域或问题进行深入探索，提出解决方案或获得新的知识。

课堂研究的内容取决于具体的课题，可以涉及理论探讨、实证研究、数据分析等多个方面，简言之，就是开展的活动，为了达到目标而开展的一系列活动。

## 五、课题研究的方法

课题研究的方法是指为了达到研究目的而采取的具体研究手段和工具。

课题研究采用的主要方法有观察法、调查法、访谈法、座谈会、实验法、问卷法、文献分析法、历史研究法、模拟法、案例法、行动研究法、经验总结法、个案研究法、案例研究法、统计法等。

中小学一线教师在选择研究方法时，要结合研究问题、研究对象、资源条件和研究目标等因素进行综合考虑，确保方法的适用性和科学性。同时，合理运用多种方法，可以提高研究的全面性、可靠性和可解释性。

建议教师采用两种课题研究方法：行动研究法和经验总结法。这两种方法易于操作，符合中小学一线教师的实际情况。

## 六、人员安排

课题研究的人员安排，要根据项目的复杂程度、时间和资源限制、团队成员的能力和专业背景等因素进行合理的分配，要加强团队成员之间的沟通与协作，确保项目顺利进行。

一线教师在撰写课题申请书和课题报告时，往往会出现人员安排不合理的情况。要避免出现"挂名不干活"的情况，要避免出现除了主持人外都是"参与实践"的情况。

## 七、预期成果

在撰写课题申请书和开题报告的时候，都要填写"成果"。我们的基本原则是"达到要求，又能够完成的"。有的成果有论文发表方面的要求，有些教师写在"核心期刊"发表，在最后阶段达不到要求而无法正常结题。我们可以写最低的要求，以便能顺利结题；如果能有更高的成果去结项，自然更好。

（本文写于2021年）

# "广东省基础教育学科教研基地项目（初中信息技术）"之申报书（部分）

## 五、基地项目计划

### 1.目标与思路（1000字以内）

（1）目标

第一，构建由市教研室、基地学校、教师构成的教研共同体，建立互动、交流、分享的合作机制，弥补经济不发达地区硬件不足等缺陷，充分发挥名师的骨干引领作用，转变教研工作作风，改进教研工作方式，提高教研工作实效，带动湛江市初中信息技术教育的多元化开展，提升学生的信息素养。

第二，以初中信息技术课堂为研究对象，以学科核心素养下的课堂评价为研究方向，制定合理科学的教学评价与学业质量评价模式标准及检测平台，充分发挥评价对学生的导向及激励作用，提高信息技术课堂学习效率，保障信息技术课程标准的达成，提升学生信息素养。

第三，打破以教师的"教"为中心、学生被动接受的传统的教学模式，通过学科基地的研究，尝试以湛江本地学校为实验样本，探索出一条有益的转变学生学习方式、促进学生深度学习的实施路径。

（2）思路

第一，在信息技术的常规课堂的基础上加入STEM教育、创客教育的内容，但由于经济不发达地区学校的硬件不足，构建共同体的目的，除了支持常规化的日常研讨外，还加入硬件的共享与互助。

第二，探索教师的专业成长之路。教师是传道、授业、解惑者，是学习示范者、研究者，也是终身学习者。他的重要性和特殊性是分不开的，不仅体现在他所从事的是与人相交往的工作，更在于与其交往的人并非一般的人，而是受教育者，是国家未来发展的主力军。应当多角度引领教师专业成长。

第三，研究、探索适合初中信息技术学科使用的教学评价和学业质量评价系统。在传统的笔试、机试考试评价基础上，对标课程标准，结合湛江本地学生学情，带领基地团队学校及成员，细化、丰富初中信息技术教学评价及学业质量评价标准及方式，开发相应的评价系统。

第四，新课标倡导自主、探究、合作的学习方式，旨在让学生在"真实性"情境的项目实践中掌握学科知识、提升实践能力和创新意识，强调学生的主体意识。通过学科教研基地，尝试引导基地学校重新构建信息技术课堂架构，指导教师有意识地引导学生为什么学、怎么学、学什么，打破以教师的"教"为中心、学生被动接受的传统的教学模式，从而促成学生学习方式的转变。

第五，经济不发达地区部分非信息技术学科教师的信息技术应用能力不高。与学科一同组建信息化教学融合培训种子团队，构建"基于学科需求"的培训模式，将教育信息化的理念、应用渗透到各学科教师队伍当中，从而达到引领示范的作用。通过分学科的培训，促进信息技术与学科教学融合。

2.拟解决的关键问题与创新点（500字以内）

（1）关键问题

第一，挖掘整合并组织地区优质资源，充分发挥了名师工作室和骨干教师的引领示范作用，搭建信息技术教师专业发展的平台，使教学教研方式由单一走向多元。尝试开展创客教育和STEM教育，拓宽了信息技术学科的内涵。

第二，改变学生的学习方式，提高学生的学习能力，研究适合初中生的信息技术课堂教学与质量评价系统，促进学生的全面发展。充分调动学生学习的积极性和主动性，从"要我学"转为"我要学"，面向全体学生。

第三，充分发挥信息技术教师的技术优势，促进信息技术与学科教学融合。

（2）创新点

第一，站在市教研员的角度，挖掘整合并组织地区优质资源，以点带面，引领信息技术学科的发展，教学教研方式由单一走向多元。

第二，充分发挥了名师工作室和骨干教师的引领示范作用，多角度推动学科教师的专业发展。

第三，搭建初中信息技术学生学业评价系统，推动学生学习的积极性和主动性。

第四，尝试将创客教育和信息技术整合，拓宽了信息技术学科的内涵。

3.任务、措施及进度安排（2000字以内）

（1）任务、措施

①基地学校

加强学科的专业建设。基地学校要研究制定学科的改革和发展规划，制定和完善学科教研制度，制定教学改革、教研活动、教学质量、教师培养等方面的具体目标和工作措施，切实加强学科的专业建设。

做好学科活动计划和总结。基地学校学科组要做好每学期本学科教研活动的计划和总结，期末交市教研室。

②市教研室教研员

与县市区教研室、基地学校相关学科教研组密切合作，根据基地学校学科教学条件和特色，制定实施计划和实施方案，指导教研组确定教学改革重点和教学研究专题。

经常到基地学校了解本学科教研教改情况，及时发现和善于总结该学科课程改革、教学创新中的成功经验，并积极通过会议交流、网络发布、向上级推荐等途径推广宣传。

经常深入课堂，了解学科教学实际情况，对本学科教师采用面对面指导方式，帮助学科教师更新教学理念，改革教学方法，提高课堂教学效率。

主动关注基地学校学科教师的业务成长过程，重点加强对教师的备课、作业设计、辅导、命题、论文写作、课题研究、教学分析报告撰写等常规教学业务工作的指导力度，促使教师特别是年轻教师的专业水平快速成长。

运用 Moodle 研修平台，QQ交流群、微信群、钉钉群等，积极构建教研交流平台。

（2）进度安排

第一阶段：启动阶段，2021.1－2021.12。建立湛江市初中信息技术基地学习共同体，明确任务，制定规划；根据成员自身情况，制定发展规划，明确发展方向。

第二阶段：实施阶段，2022.1－2022.12。实施基地建设规划，根据实际情况可作适当微调，同时开展实践研讨；梳理阶段成果，并汇集成册；开展实践工作，邀请专家讲座，教师开展实践研讨并进行阶段性成果展示，推进学校特色基地的建设。

第三阶段：总结阶段，2023.1－2023.12。汇报展示基地建设的总结性成果；组织成果总结会，梳理成果，完成基地建设总结工作。

4.预期成效（1000字以内）

形成系统的教学评价及学业考核评价办法。从湛江市一级角度形成操作性强的、符合校情学情的初中信息技术教育教学评价规范，基地学校根据自身特点形成个性化评价方式。

形成便于操作的有价值的学生学习方式转变的教学实施策略及模

式，并由学科教研基地学校实践推广至其他学校。

多方协动、互助交流，建设一支和谐、良性竞争、积极进取，因信息技术学科教育而幸福的优秀教研基地。以基地学校开放日、市县区的专题展示研讨活动等为平台，展示、交流教学研究成果并获得认可和推广。

探索推动湛江市初中信息技术学科发展的路径，以促进信息技术教师专业发展，以学科教研基地建设为抓手，推动课堂教育教学改革，形成适合湛江特点的初中信息技术教学教研模式，提升信息技术课堂教学效率，培养和激发学生的创新兴趣和创造能力，赋能基地学校内涵发展，打造区域教育品牌。同时，以学科基地建设为平台，聚焦学科发展的关键性问题，培养一批高素质名师，引领与辐射湛江市初中信息技术学科的发展。

**5. 保障条件（含市、县级教研部门人、财、物等支持条件，500字以内）**

湛江市教育局教研室拥有全市丰富的教研资源，能有效调动各地、各校教研和培训资源，保障教学研究活动深度进行与实施，保障教学研究活动在较大范围内产生辐射影响和作用。

基地学校：湛江市寸金培才学校初中信息技术科组教师教学能力强，教研氛围浓厚；岭南师范学院附属中学是市直属学校；湛江市第十七中学近年来在创客、STEM教育方面取得了较好的成绩。这三所学校，均拥有信息技术教育的各种物质设施，经济实力比较雄厚，可为教学研究开展工作提供必要的物质保障。

（本文修改定稿于2024年）

# "'前置知识梳理'在高中信息技术教学中的
实践研究"之开题报告

## 一、开题活动简况

[开题时间、地点、主持人、评议专家（课题组外专家，专家应不
少于2人）、参与人员等，具体内容略。]

## 二、开题报告要点

（题目、内容、方法、组织、分工、进度、经费分配、预期成果等，
要求具体明确、可操作，限5000字左右，可加页。）

1. 本项目的题目

本项目的研究范围界定为普通高中信息技术学科的教学应用。

"前置知识梳理"在高中信息技术教学中的应用实践研究的"前置
知识"包含两重意思：对高中信息技术课程的衔接内容进行梳理；对每
一个实施项目所需要的基础知识进行梳理。

高中信息教师对开展新的教学、新的项目所需要的"前置"知识进
行梳理，做成微视频、微课等资源，在学习新课、开展新的项目式教学
前渗透给学生，让学生更好地适应新的教学内容。

本项目的主要成员是湛江市高中信息技术林力文名教师工作室的成员，为了发挥名教师工作室的示范引领作用，让工作室的成员更好地开展教育教学工作，让工作室的成员进行本课题研究。

2.研究内容

（1）理论分析和策略研究

相关教学理论分析，主要包括理论依据、实践依据等。

教师专业发展多元化理论和引领策略研究。

名师工作室示范引领策略研究。

高中信息技术课堂实施策略研究。

（2）"前置知识梳理"实践研究

教材分析与课标研读：通过名教师工作室集中、网络学习，主持人讲座等方式，进行教材分析与课标研读。

学情分析：通过课堂观察和问卷调查采集数据，以集中研讨网络研修的方式进行学情分析，确定前置知识清单。

资源建设：课题组成员进行分工合作，对高中信息技术"前置知识"进行梳理，形成前置知识清单，并根据教学的实际情况进行再设计，制作成课程资源。

教学实践研究和应用推广：将"前置知识"资源应用到教学实践，经过观察、反思，进一步完善教学实践策略，进一步实践应用，最后形成成熟的教学策略，并通过工作室和网络分享。

3.应用效果研究

在实践研究结束后，通过观察、案例分析、问卷调查，验证实验的假设——通过"前置知识梳理"，能够促进年轻教师对课堂教学的思考，夯实高中学生的信息技术基础能力，提升信息技术课堂教学效率，提高学生的学科核心素养，从而有效地推动湛江地区信息技术学科的发展。

## 4.项目总体框架

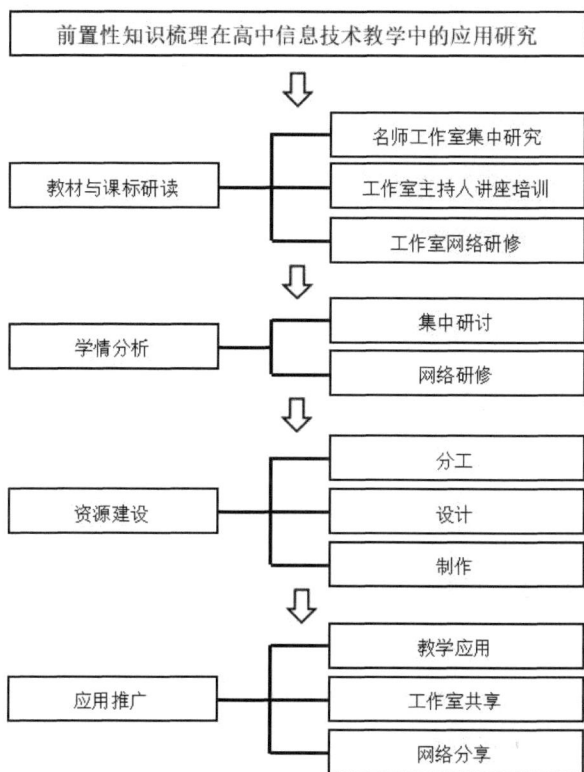

**图1　项目总体框架**

## 5.研究方法

经验总结法：运用科学的方法，对本课题在研究过程中积累的经验进行分析概括，深入、全面而又系统地揭示经验实质，使之上升到理论高度，找出别人可以借鉴的规律性的东西。

行动研究法：要验证"前置知识"梳理项目的合理性，有效性，改进其中的不足与缺陷，将该研究运用到实践中，通过对课题计划、行动、观察、反思等途径对其进行验证。

## 6.研究手段

分析研究现状—制定研究方案—开展实践研究—整理相关数据—撰写论文和总结反思—再次实践验证—撰写研究报告。

7.组织分工（略）

8.研究计划

课题研究实施阶段（2022年3月—2022年6月）：对课题总框架进行设计，制定课题研究方案，操作方案，成立课题研究核心小组，明确课题组成员分工；分解课题，进行实践研究；定期召开研讨会，研讨方案，及时交流课题开展的进程与得失，撰写相关论文。

课题研究总结阶段（2022年6月—2023年10月）：搜集、整理、归纳课题研究阶段性材料和结题材料，提升研究成果，为课题结题做准备；在实验校乃至全市推广该教学模式。

课题结题阶段（2023年10月—2023年12月）：撰写课题结题报告、论文，提交课题研究材料，接受专家的结题鉴定。

## 三、专家评议要点

（侧重于对课题组汇报要点逐项进行可行性评估，并提出意见和建议，限1000字左右。具体内容略。）

## 四、重要变更

（侧重说明对照课题申请书、根据评议专家意见所做的研究计划调整，限1000字左右。可加页、具体内容略。）

## 五、所在县（市、区）、市直属学校科研管理部门意见（略）

## 六、湛江市教育局教育科研部门意见（略）

（本文修改定稿于2024年）

# "湛江市信息技术学科多元化
引领实践研究"之结题报告

## 一、问题的提出

### 1.研究背景

《国家中长期教育改革和发展规划纲要（2010—2020年）》指出：国家教育中长期发展规划面对前所未有的机遇和挑战，必须清醒认识到，我国教育还不完全适应国家经济社会发展和人民群众接受良好教育的要求。教育观念相对落后，内容方法比较陈旧，中小学生课业负担过重，素质教育推进困难；学生适应社会和就业创业能力不强，创新型、实用型、复合型人才紧缺；教育体制机制不完善，学校办学活力不足；教育结构和布局不尽合理，城乡、区域教育发展不平衡，贫困地区、民族地区教育发展滞后；教育投入不足，教育优先发展的战略地位尚未得到完全落实。接受良好教育成为人民群众强烈期盼，深化教育改革成为全社会共同心声。

把提高质量作为教育改革发展的核心任务。树立科学的质量观，把促进人的全面发展、适应社会需要作为衡量教育质量的根本标准。树立以提高质量为核心的教育发展观，注重教育内涵发展，鼓励学校办出特色、办出水平，出名师、育英才。

创新人才培养模式。适应国家和社会发展需要，遵循教育规律和人才成长规律，深化教育教学改革，创新教育教学方法，探索多种培养方式，形成各类人才辈出、拔尖创新人才不断涌现的局面。

湛江是经济不发达地区，各县市区基本上没有专职的信息技术学科教研员，而且受师资和硬件设备的限制以及专任信息技术教师数量不足的影响，与信息技术学科有关的课程教研、创客教育课程的开发与实施较难开展与推广。近几年来由于"教育创强"活动的推进，学校的硬件设备基本上到位，但是由于很多一线老师的信息化应用能力水平比较低，如何发挥信息技术学科教师在信息融合应用推广中的作用成为我们工作努力的方向。

这几年湛江市经过努力，培养了一批信息技术学科名教师、优秀骨干教师，且市区部分学校逐步配置了创客室。本实践研究的主要目的是要充分发挥名教师和优质资源的作用，探寻多元化引领的教研模式，为经济不发达地区的教研模式研究提供可供借鉴的样本，提供开展区域信息技术多元化特色引领教研建设的理论与实践相结合的有效探索，完善信息技术多元化特色引领建设的理论，探索经济不发达地区信息技术学科的教研建设，探索核心素养视域下的学科教研建设，拓展及完善教研活动的指导理论。

2.核心概念的界定

"湛江市信息技术学科多元化引领实践研究"的范围界定为湛江市信息技术学科的发展引领实践研究。其中信息技术学科指的是中小学信息技术学科，多元化指的是多样的而不是集中统一的。多元化引领的"多元化"反映在引领的内容、过程、方式、方法等环节的多样性，既包含信息技术教师专业发展的多元化引领，又包含信息技术学科教学教研的多元化引领，还包括与信息技术密切相关的创客教育的多元化引领，以及信息技术与教学融合的多元化引领。

3.国内外研究述评

对于与本项目相关的研究现状的了解，主要来自主持人作为市教研员对本学科现状的掌握和通过调查问卷、访谈、观察所得，部分来自数字图书馆。

以"信息技术教师专业发展"为关键词，在中国知网中有相关记录91条，大部分文献集中在分析现状及探索发展策略，对信息技术教师专业发展的多元发展，仅有1篇文档涉及，也仅仅是从理论角度审视，而对信息技术教师专业发展的多元引领实践研究，则完全找不到相关经验可以借鉴。这反映了尽管信息技术教师专业发展这方面研究虽然已经进行了一部时间，相关文献也算丰富，但大部分属于教师站在个人角度上分析和探索得出的经验总结，而不是站在引领视角进行研究，且多元发展方面的理论和实践研究欠缺。

以"信息技术教学"为关键字，可以搜索到与中小学信息技术教学相关文献为184篇，多为一线教师在教学实践中的经验总结和探索实践；以"信息技术教学教研"为关键字，仅有5条与信息技术教研相关的记录。关于信息技术学科教学教研的引领方面，则是1篇文献也找不到。

"创客教育"是与信息技术密切相关的事物，湛江市的创客教育，基本上是中小学信息技术学科的一个分支。担任创客教育工作的基本上都是信息技术教师。与创客教育相关的文献也比较多，在知网上共查询到1257条记录，其中"中小学创客教育"相关文献共有128条，大部分为创客教育内涵、模式应用实践、问题和策略研究，也有2篇关于创客教育区域推进策略研究，对本项目有一定的参考作用。

通过多个关键字对本项目相关文献的查询与分析，发现有关学科引领的实践研究稀缺。本项目旨在对信息技术学科涉及的教师专业发展、教学教研和创客教育等多个方面，站在市教研员的角度，充分利用现有的优秀资源，带领骨干教师和名师工作室发挥引领作用，推动全市信息技术学科的发展。

4.研究意义和研究价值

（1）研究意义

为经济不发达地区的教研模式研究提供可供借鉴的样本、提供开展区域信息技术多元化特色引领教研建设的理论与实践相结合的有效探索，进一步完善信息技术多元化特色引领建设的理论，探索经济不发达地区教研的建设，探索核心素养下的学科教研建设，拓展及完善教研活动开展的指导理论。

（2）研究价值

开展"湛江市信息技术多元化引领实践研究"这一课题，是以湛江市信息技术骨干教师团队为引领，既有网络教研，又有骨干教师的经验分享，还包含创客教育和STEM教育，通过特色引领，促进教师的专业发展，并为后续开展教研活动提供可借鉴的做法。

通过本课题研究，促进工作室成员的专业成长，充分发挥工作室成员的示范引领作用，通过优质资源建设以及合适的教学设计，带动一大批教师的成长。

## 二、研究目标和研究内容

1.研究目标

探索适合经济不发达地区信息技术骨干教师的教学示范引领作用。

探索适合湛江市教师与学生的创客教育。

探索推动湛江市信息技术与教学融合的模式。

探索适合湛江市信息技术学科的网络教研。

2.研究内容

（1）理论分析和策略研究

多元化发展理论分析，主要包括理论依据、实践依据等。

教师专业发展多元化理论和引领策略研究。

信息技术教学教研多元化引领策略研究。

创客教育多元化引领策略研究。

（2）信息技术学科多元化引领实践研究

信息技术教师专业发展多元化引领实践研究。

信息技术教学教研多元化引领实践研究。

创客教育多元化引领实践研究。

3.应用效果研究

在实践研究结束后，通过观察、案例分析、问卷调查，验证实验的假设——基于多元化引领，促进教师专业发展，提升信息技术课堂教学效率，提高学生创新能力，推动湛江地区信息技术学科的发展。

## 三、研究方法和研究步骤

### 1.研究方法

经验总结法：运用科学的方法，本课题研究对积累的经验进行分析概括，深入、全面而又系统地揭示经验实质，使之上升到理论高度，找出别人可以借鉴的规律性东西。

行动研究法：验证本课题的合理性、有效性，将该研究运用到实践中，通过计划、行动、观察、反思等途径对其进行验证。

### 2.研究步骤

课题研究准备阶段（2019年2月—2019年5月）：对课题总框架进行设计，制定课题研究方案，操作方案，成立课题研究核心小组，明确课题组成员分工。分解课题，进行实践研究。

课题研究实施阶段（2019年5月—2021年10月）：按照课题的计划开展各项活动。

课题结题阶段（2021年10月—2022年4月）：搜集、整理、归纳课题研究的阶段性材料和结题材料，提升研究成果，为课题结题做准备，在全市推广。

撰写课题结题报告、论文，提交课题研究材料，接受专家的结题鉴定。

## 四、课题研究的理论依据

《国家中长期教育改革和发展规划纲要（2010—2020 年）》指出：把提高质量作为教育改革发展的核心任务；创新人才培养模式。

教育部基础教育课程教材发展中心副主任刘月霞《中国教研的价值与使命》一文：中国教研在实际工作中创造了很多以点带面、行之有效教研模式和教学研究活动形式。在 60 多年的实践中，中国教研队伍创造了很多经验，包括校本教研、区域教研、联片教研、网络教研等模式，同时创造了如课题研究、示范观摩、课例研修、教学论坛、行动研究等一系列教学研究活动形式，整体带动了区域范围内教师的专业发展，确保了教育的基本质量。进入 21 世纪以来，中国基础教育进入以促进内涵发展、提高质量为重心的新的发展阶段。全面深化课程改革、以培养学生核心素养为重点落实立德树人的教育根本任务将成为中国新时期教育改革和发展的新任务。整体提高教研队伍的整体教育观念、专业素养、研究能力、服务精神，才能充分发挥教研系统在整体提高基础教育教学质量、培养创新型人才中的"杠杆"作用。中国教研必须进行全面创新，转型升级。

## 五、研究实施过程

本课题在信息技术学科教师专业多元化引领、教学教研多元化引领、创客教育多元化引领、信息技术与学科融合多元化引领等方面，经历了 4 个过程。

1.需求分析，搭建框架

根据课题的前期调研，做好课题的需求分析，列出大纲，最终形成

"湛江市信息技术学科多元化引领实践研究"的总体框架。

2.构建团队，挖掘亮点

本课题研究是站在市教研员的立场，充分调动现有的资源，根据实际需求建立引领团队，在团队的带领下，促进本市信息技术学科教师的发展，从而带领信息技术学科的多元化发展。建立以信息技术学科专家团队、名教师工作室、学科骨干教师、示范学校、特色团队为核心的优质团队，挖掘教师队伍中的潜力队伍，特别是基层学校的骨干教师，形成多元引领的团队力量。

（1）信息技术教师专业发展多元化引领团队

建立以专家团队、名教师工作室、骨干教师队伍为主干，以网络研修、专家讲座、名教师工作室辐射扶持、线上线下交流培训的方式促进信息技术教师专业发展，形成以广东省杨海娟名教师工作室、湛江市林力文名教师、韦东名教师工作室为核心的多元化引领团队。

（2）信息技术教学教研多元化引领团队

建立以专家团队、骨干教师为领头人，以有特点有亮点的学校为教学教研示范基地，通过在线课程建设、在线教研、专家培训和教学能力比赛、教研成果评比等方式促进教学教研，形成以岭南师范学院附属中学、培才学校网站、遂溪县第三中学等以教学教研示范基地的多元化引领团队。

（3）创客教育引领团队

建立以湛江市第十七中学、湛江市第二十八中学为创客示范学校，通过构建创客共同体、举办创客师资培训等，带动 STEM 教育、创客示范学校建设，形成以示范学校信息技术骨干教师为领头人的创客教育引领团队。

（4）组建信息化教学融合培训种子团队

依托岭南师范学院附属中学、湛江市爱周高级中学等信息化中心学校的示范作用，组建以信息技术学科骨干教师技术引领的信息化教学融合培训种子团队，构建"基于学科需求"的培训模式，将教育信息化的理念、应用渗透到各学科教师队伍当中，从而达到引领示范的作用。

3.多元引领，共享资源

（1）信息技术教师专业发展多元化引领

网络研修形式有 Moodle 平台、QQ 交流群、信息技术教师微信群、钉钉群。Moodle 平台主要作为教师系统研修形式，将新课程标准等专业知识以课件、视频等方式系统组织，教师们在家里便可以进行研修。QQ 群、微信群和钉钉群作为交流互助的方式，为教师们提供了良好的研修氛围。

为了促进教师的专业成长，我们采用"线上+线下"相结合的培训方式，2019 年采用出版社支持的方式，举办了 2 场专家讲座，让教师们更好地掌握新课标、新教材。2021 年与出版社合作举办了小学、初中、高中的骨干教师教材培训。

借助 2021 年广东省青年教师教学能力大赛备赛的机会，组织骨干教师一起集体研讨教材，使参与备赛的老师对教材更加熟悉，从而通过团队引领促进湛江市信息技术学科教学的发展。

同时线上的微信群、QQ 群也是长期的教研线上平台，还有高中新课标的 Moodle 研讨平台。依托初中学段的湛江市杨海娟名师工作室和高中学段的湛江市韦东名师工作室、林力文名师工作室，将优秀教师的课堂教学送到农村学校，带动农村学校的信息技术学科教学的开展。对市名师工作室定位明确：湛江市杨海娟名师工作室引领带动义务教育学科教师成长，湛江市韦东名师工作室、林力文名师工作室引领带动高中学科教师的成长，有目标、有方向。

（2）信息技术教学教研多元化引领

主要通过在线课程建设，如岭南师范学院附属中学和湛江一中的 Moodle 课程平台、培才学校的教学网站、遂溪县第三中学的信息技术课堂教学网站，带动各学校的在线课程建设；通过在线教研，如专门的教研 QQ 群、微信群和基于 Moodle 平台的教研系统来带动教研；通过举办培训和教学能力比赛促进教学能力的提升；通过团队带动和专家讲座培养课题研究能力、强化专业技术能力。

在"停课不停学"的攻坚战中，我们的在线课程建设、在线教研、在线教学等"在线"能力面临新的挑战。在我们的引领之下，信息技术老师利用专业知识，发挥技术优势，为学校的在线教育顺利开展起到了"保驾护航"的作用。从提高教师信息化素养和应用水平，到保障平稳有序推进线上教育，他们既是"工程兵""参谋员""指导员"，又是不可或缺的"技术保障员"。他们默默坚守在多个角色岗位上，为学校顺利进行"线上教育"、为同事们顺利开展网络教学提供了强有力的保障。同时，通过市名师工作室，如林力文工作室、韦东工作室、杨海娟工作室组织骨干教师在线研讨，确定线上教学的方式和内容，制作课件，录制微课，为信息技术学科在线课堂的教学提供了优质的资源。

2021年，林力文工作室、韦东工作室联合开展高中骨干教师新课改教学研讨活动，商讨如何通过骨干教师的引领更好地开展新课程改革。发动基层骨干教师的示范带头作用。推广遂溪县第三中学的优秀教学设计、教学平台，让更多的老师体会到实施新一轮高中信息技术课程改革的可行性，推动了新一轮课程改革的实施。

（3）创客教育的多元化引领

通过构建创客共同体、举办创客师资培训等，带动 STEM 教育、创客示范学校建设。

2019年6月至2020年10月，与装备中心合作举办了三场创客师资培训活动，依托湛江市的创客示范学校——湛江市第十七中学、湛江市第二十八中学，构建了创客共同体，为经济不发达地区的学校共享创客硬件资源。通过参与编写科创与 STEM 教材，推广教材的使用、引领学校参加 STEM 课题研究等促进 STEM 教育在我市的开展。

充分发挥创客共同体的合作共进作用，实现软硬件资源共享。如：2020年广东省教育"双融双创"的机器人项目备赛期间，湛江市霞山实验中学没有激光切割机，无法培训学生（激光切割是机器人比赛中的一个必考环节），由于创客共同体共享了创客硬件资源，实验中学的辅导教师将学生带到湛江市第十七中学开展实际的培训，在省的比赛中获得二等奖的好成绩。

（4）组建信息化教学融合培训种子团队

构建"基于学科需求"的培训模式，将教育信息化的理念、应用渗透到各学科教师队伍当中，从而达到引领示范的作用。通过分学科的培训，促进信息技术与学科教学融合。

"基于学科需求"的信息化教学融合培训改变了以往信息技术学科教师作为受训"种子"，回学校却没有继续下一轮的培训的窘境。培训导师由"学科教师+信息技术教师"来担任。以学科优秀案例带动，信息技术教师再有针对性地开展学科应用培训。依托岭南师范学院附属中学、湛江市爱周高级中学等信息化中心学校示范作用，辐射带动区域学校推行信息化教学改革。用心建设12所市级创客教育试点学校和13所市级信息化试点学校，强化信息化技术对教学改革的影响。

2019年6月至今，与装备中心合作，共培训了一千余名教师，按照试点先行、示范引导、逐步推进的思路推进信息化中心学校和试点学校建设，培育了一批智慧教育示范项目和示范学校，形成以点串线、以线连片、以片带面的示范创建格局。

4.突破瓶颈，共研共进

通过团队的构建和多元引领格局的形成，形成如下图的多层次结构。使每一次学习，都是上有指导，旁有同伴，突破瓶颈，共研共进。

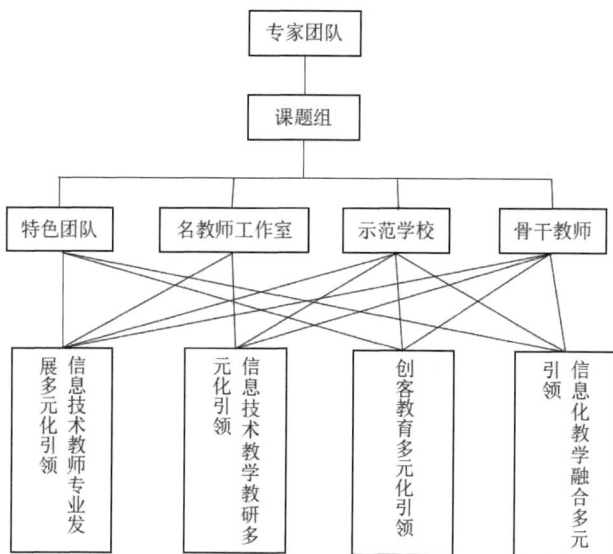

图1　多层次结构

# 六、研究成果

本课题成果获得2020年湛江市基础教育教学成果一等奖。

1.理论成果

（1）论文

主持人林力文的课题成果论文《构建"以学习为中心的教与学"实施策略》发表于《师道》2022年第3期。

主持人林力文的论文《基于学业评价系统的信息技术课堂过程性评价实践研究》发表于《广东教学报》（2021年12月22日）。

课题组成员卜碧芳课题论文《为农村孩子打开一扇信息技术的窗户》发表于《广东教学报》（2021年9月6日）。

课题组成员詹宋强的课题论文《创客教育下初中生创新思维培养的策略研究》发表于《广东教学报》（2022年2月22日）。

（2）课题

课题组成员詹宋强的广东省十三五课题"基于项目学习的初中创客

教育课程教学实践研究——以开源硬件应用为例"为粤西落后地区的创客实验室建设提供示范样本，基于项目学习模式的创客教育经验在本市得以推广，社会效益明显。

2.实践成果

（1）教师专业发展方面

①主要成员的专业成长

课题组成员在实践研究的过程中，认真探索，善于总结，获得了长足的发展。

林力文：2021年湛江市优秀教育工作者、湛江市名教师工作室主持人；论文《发挥技术引领 助力教育信息化》发表于《湛江教育》（2020年第1期）；《科创与STEM教育实验教材》编委会成员，承担了教材的编写任务；2020年5月《中学信息技术与STEM课程实践活动的探究》在广东省全民科学素质行动科普科创STEM教育活动成果展示交流活动中，被评为"优秀教学模式"；2019年5月《科技活动与中学信息化情境教学的探究》在"广东省全民科学素质行动科技活动成果交流展示活动"中被评为二等优秀成果；2020年10月被聘为"2020年湛江市乡村初中小学学科教师培训"项目授课教师。

卜碧芳：2019年、2021年被评为"遂溪县优秀教师"；2019年被聘湛江市教育局兼职教研员（2019—2021）；2020年9月被评为"广东省信息技术学科带头人"；2019年9月、2021年9月担任湛江市青年教师能力大赛评委；2020年教学论文《构建"自主、合作、探究"课堂实施策略》获得湛江市中小学信息技术学科教师论文评比活动一等奖；2020年5月，制作的微课《初识物联网》被湛江市选用为线上教育课程资源，在全市推广使用，效果良好；2021年5月承担湛江市信息技术骨干教师交流研讨示范课；2021年12月承担杨海娟名师工作室、林力文名师工作室、韦东名师工作室联合教研活动，做了题为"《数据与计算》教学设计"的讲座；2020年10月被聘为"2020年湛江市乡村初中小学学科教师培训"项目授课教师。

黎招准：2019年被聘为湛江市教育局兼职教研员（2019—2021）；2020年被聘为岭南师范学院物理学专业兼职教师（2020—2024）；2020年担任第二十一届湛江市中小学电脑制作活动评委。2020年湛江市中小学教育科学"十三五"规划一般课题"信息技术在高中物理情境创设中深度融合的策略研究"主持人；2020年8月论文《利用信息技术优化高中物理课堂教学的探索》发表于《教育信息技术》2020年第7、8期；2021年12月获得2021年湛江市中小学信息技术学科教师论文评比一等奖；2019年获得湛江市第二届中小学青年教师教学能力大赛高中信息技术学科一等奖第一名、广东省第二届中小学青年教师教学能力大赛总决赛三等奖；2019年被评为第二十届湛江市中小学电脑制作活动优秀工作者；2019年获得岭南师范学院附属中学"教学能手"称号；2020年制作的4个线上课程被湛江市选用为线上教育课程资源，在全市推广使用，效果良好。其中《IP地址及其管理》被"学习强国"收录。2019年至2021年所制作的课件、课例、微课和各种信息技术作品，在各种交流评比活动中，获得一等奖4次，二等奖一次，全国性示范课例一个。2019年被聘任为湛江市教育信息化教学融合培训班授课教师，为湛江地区的中小学教师做了4场信息技术能力提升和信息技术与学科教学融合相关的培训讲座；2020年6月在湛江市教育局教研室全体教研员教学研讨会上做题为《运用新媒体新技术优化课堂教学》的专题讲座。

曹红丽：论文《利用智能手机促进教与学的转变》发表于《师道·教研》2019年第6期；2019年至2021年所制作的课件、课例、微课和各种信息技术作品，在各种交流评比活动中，获得一等奖2次，二等奖1次，省级精品课1个，全国示范课例1个；指导学生参加广东省中小学科技劳动教育实践活动获得二等奖2次，三等奖1次。2020年5月制作的微课《认识计算机网络》《域名与域名的管理》被湛江市选用为线上教育课程资源，在全市推广使用，效果良好。

②一批年轻的信息技术教师成长喜人

湛江一中培才学校杨海娟老师，她屡次挑重担，作为名师工作室的主持人，带动了一大批信息技术学科教师共同成长，她本人的能力再一次得到提升，在第二届广东省青年教师教学能力大赛中荣获省一等奖。杨海娟名师工作室成员余俊辉老师，获得2021年广东省青年教师教学能力大赛一等奖、林力文工作室的刘全老师获得2021年湛江市"五一"劳动奖章。

信息技术学科教师的业务能力提升明显。从2019年、2021年青年教师教学能力大赛参赛选手的表现，到市级公开课上听课教师对课堂教学的点评，都能够看出教师专业能力的明显提升。

通过信息技术与学科教学融合种子团队建设，将信息技术教师在教学中的重要作用凸现出来，信息技术教师专业水平和业务能力也得到了发展。

（2）教学教研方面

课题组成员在参与实践的过程中发表了4篇论文以上的论文：主持人林力文2篇课题论文、课题组成员卜碧芳和詹宋强的各1篇课题论文均已发表；林力文的《发挥技术引领 助力教育信息化》发表于《湛江教育》（2020年第1期），黎招准的《利用信息技术优化高中物理课堂教学的探索》发表于《教育信息技术》（2020年第7—8期），曹红丽的《利用智能手机促进教与学的转变》发表于《师道·教研》2019年第6期。

多个教学课例广受好评。其中，黎招准老师的《人脸识别》被中央电化教育馆评为"2020年新媒体新技术教学应用研讨会暨第十三届全国中小学创新课堂教学实践观摩活动"高中组示范课例，曹红丽老师的《Python变量的认识与使用》被中央电化教育馆评为"2020年新媒体新技术教学应用研讨会暨第十三届全国中小学创新课堂教学实践观摩活动"高中组示范入围课例。

信息技术学科教师研究能力得到提升，以主持人身份成功申报课题的信息老师明显增长。在省装备中心的课题申报中，以信息技术专业化引领的角度，采用了"培训+评审"相结合的模式，使湛江市参评的

2020年度教育信息化应用融合创新课题在省里通过率名列前茅。

（3）创客教育方面

2019年：第34届广东省青少年科技创新大赛一等奖3人；广东省中小学劳动教育中创客项目共有11名选手获得省级奖项，其中一等奖2名、二等奖3名、三等奖6名；机器人项目共有3支队伍获得省级三等奖；广东省教育"双融双创"行动114件作品获得省级奖项，其中一等奖12件、二等奖28件、三等奖74件。湛江二中港城中学李琳老师的作品获得全国一等奖，被邀请前往北京参加2019年度全国教育教学信息化交流展示活动现场交流活动，展示了我市教师的风采。

2020年：在广东省中小学劳动教育暨学生信息素养提升实践活动现场赛中，湛江市代表队共派出15支队伍参加省级现场赛，共有13支队伍获得省级奖项。其中创客项目中，2个一等奖，5个二等奖，6个三等奖。

2021年：在广东省中小学劳动教育中，创课项目获得省级一等奖的3个，二等奖5个，三等奖12个，其中培才学校的创客项目参加全国的比赛获得人工智能组一等奖。

在创新实践共同体项目建设中，目前获得省厅审批立项6个项目，以STEM教育、创客教育和数字教材创新应用为主导，综合本地教学特色，共建创新实践共同体项目，实现共同备课、共同教研，共享优质教学资源，探索我市信息化课程改革方向。

（4）信息化教学融合方面

组织举办湛江市教育信息化教学融合培训班。培训采用"基于学科需求"的方式组织，全市共有450人参训，培训主题为"互联网+"学科教学示范课，实行课堂教学观摩和信息化技术能力培训相结合的方式，引导老师信息化技术进课堂，注重教学设计和教学融合，在信息技术支撑下如何开展符合自身学科的教学模式，取得了良好的效果。

对信息化融合方面，我们的经验推广到幼儿园，在疫情期间，通过钉钉培训，组织带动了幼儿园教师信息化应用能力的提升：4月Scratch

课程共对 1590 人次进行了培训，5 月由 17 所幼儿园开展的 18 个专题培训，线上学习教师有 45907 人次，而湛江市幼儿园专职教师只有 2 万，出色完成教学智慧的共享。

课题组规划引领下组织的信息化教学融合推广模式在省信息化会议上做经验介绍。

## 七、问题和建议

通过"湛江市信息技术学科多元化引领实践研究"，湛江市信息学科教师在信息化建设、信息化融合推广、创客教育、STEM 教育等方面都表现不错，在学校的认可度得到提升，促进了教师的专业成长，也促进了湛江市基础教育信息化与教学的融合。这个模式还推广到学前教育阶段。信息技术学科教师在多种领域发挥自己的技术作用，促进教育的均衡发展，为经济不发达地区的信息技术学科教师专业成长提供了一个参考模式。

"湛江市信息技术学科多元化引领实践研究"项目，在教研室的带领下，在课题组全体人员的努力下，取得了预期的成果。但是在教学方面的带动引领作用不够明显，这是今后需要努力的方向。由于疫情的影响，一些引领工作做得不够深入，课题成果的推广辐射范围不够广，这些是我们以后的工作中需要继续关注和努力的地方。

（本文修改定稿于 2024 年）

# 主要参考文献

[1]黄荣怀,熊璋.义务教育信息科技课程标准(2022年版)解读[N].北京:北京师范大学出版社,2022.

[2]任友群,黄荣怀.普通高中信息技术课程标准(2017年版2020年修订)解读[M].北京:高等教育出版社,2020.

[3]胡金龙.高中信息技术课程[M].呼和浩特:远方出版社,2005.

[4]李艺,朱彩兰.信息技术课程与教学[M].2版.北京:高等教育出版社,2018.

[5]钱峰.信息技术与课程整合[M].南昌:江西高校出版社,2019.

[6]王吉庆.信息技术课程与教学论[M].杭州:浙江教育出版社,2003.

[7]陈榕权.依托辅助系统探究信息技术课堂评价策略[J].中小学数字化教学,2021(6):55—58.

[8]甘浩星.利用网络评价系统提高信息技术课堂评价有效性的研究[J].新课程(下),2016(8):78.

[9]解月光,杨鑫,付海东.高中学生信息技术学科核心素养的描述与分级[J].中国电化教育.2017(5):8-14.

[10]王晓明.关注计算思维要素,深耕信息技术课堂[J].中国信息技术教育,2021(8):28—29.

[11]郑茜.构建生态化信息技术课堂的研究[J].中国教育信息化(基础教育),2010(4):24—26.